CAMINHO DE INICIAÇÃO
À VIDA CRISTÃ COM ADULTOS

DIOCESE DE CAXIAS DO SUL

CAMINHO DE INICIAÇÃO
À VIDA CRISTÃ COM ADULTOS

EDITORA VOZES

Petrópolis

© 2019, Editora Vozes Ltda.
Rua Frei Luís, 100
25689-900 – Petrópolis, RJ
www.vozes.com.br
Brasil

Todos os direitos reservados. Nenhuma parte desta obra poderá ser reproduzida ou transmitida por qualquer forma e/ou quaisquer meios (eletrônico ou mecânico, incluindo fotocópia e gravação) ou arquivada em qualquer sistema ou banco de dados sem permissão escrita da editora.

CONSELHO EDITORIAL

Diretor
Gilberto Gonçalves Garcia

Editores
Aline dos Santos Carneiro
Edrian Josué Pasini
Marilac Loraine Oleniki
Welder Lancieri Marchini

Conselheiros
Francisco Morás
Ludovico Garmus
Teobaldo Heidemann
Volney J. Berkenbrock

Secretário executivo
João Batista Kreuch

Diagramação: Victor Mauricio Bello
Revisão gráfica: Alessandra Karl
Capa: Ana Maria Oleniki
Ilustração de capa: Lúcio Américo de Oliveira

ISBN 978-85-326-6157-9

Editado conforme o novo acordo ortográfico.

Este livro foi composto e impresso pela Editora Vozes Ltda.

SUMÁRIO

Apresentação, ... 7

Orientações práticas, ... 9

Leitura Orante da Palavra, ... 11

1º Encontro: Quem somos nós? O que buscamos?, ... 13

2º Encontro: Somos construtores da história da salvação, ... 18

3º Encontro: Conhecendo a Bíblia Sagrada, ... 27

CELEBRAÇÃO da Apresentação dos catequizandos à comunidade –
Rito de assinalação e Entrega da Palavra de Deus, ... 32

4º Encontro: A Palavra de Deus na vida do cristão, ... 37

5º Encontro: O caminho da fé no Ano Litúrgico, ... 40

6º Encontro: Jesus Cristo é Rei do Universo e da vida, ... 44

7º Encontro: A alegria da espera, ... 49

8º Encontro: Jesus Cristo é anunciado e esperado, ... 54

9º Encontro: Maria de Nazaré, escolhida para ser a mãe de Jesus, ... 58

10º Encontro: Jesus é o Deus conosco, ... 63

11º Encontro: Quaresma o caminho para a Páscoa, ... 72

12º Encontro: A minha comunidade: Lugar de viver e celebrar a fé, ... 79

13º Encontro: Os sacramentos, sinais da vida de Deus na comunidade, ... 83

14º Encontro: A vida nova do cristão pelo Batismo, ... 89

15º Encontro: Domingo da Paixão: Jesus em Jerusalém, ... 93

CELEBRAÇÃO de Entrega do Mandamento do Amor, ... 97

16º Encontro: O Domingo: A Páscoa semanal dos cristãos, ... 99

17º Encontro: Jesus ressuscitado se revela na comunidade cristã, ...111

18º Encontro: Jesus volta para junto do Pai, ... 115

19º Encontro: O sacramento da Crisma, ... 119

CELEBRAÇÃO da Luz e dos dons do Espírito Santo, ... 123

20º Encontro: Os frutos do Espírito Santo na vida do cristão, ...128

21º Encontro: Confirmados no Espírito para sermos a Igreja de Jesus,....132

22º Encontro: A Santíssima Trindade: Deus é comunidade de amor, ...137

23º Encontro: A oração na vida do cristão: O Pai-Nosso,................. 141

CELEBRAÇÃO de Entrega do Pai-Nosso, ... 145

24º Encontro: Os sacramentos da esperança: Penitência e
Unção dos Enfermos, ...148

25º Encontro: O amor misericordioso de Deus,............................. 153

CELEBRAÇÃO do Sacramento da Reconciliação, ... 158

26º Encontro: Jesus é o Pão da Vida,... 161

CELEBRAÇÃO da Renovação da Fé,...166

27º Encontro: O cristão vive sua fé na família e na sociedade, ...169

28º Encontro: Batizados e confirmados para sermos a Igreja de Jesus, ...173

29º Encontro: Os sacramentos do serviço: Matrimônio e Ordem, ...180

30º Encontro: Batizados e confirmados para sermos missionários,.....184

CELEBRAÇÃO de Entrega das Bem-aventuranças, ...188

Referências, ...190

APRESENTAÇÃO

A Comissão Diocesana de Iniciação à Vida Cristã da Diocese de Caxias do Sul oferece este livro para a catequese com adultos como itinerário de inspiração catecumenal, com o objetivo de contribuir na caminhada de iniciação à vida cristã junto a estes interlocutores. Destina-se **a catequistas** que orientam os catecúmenos em vista da experiência de Jesus Cristo, da vida comunitária e da preparação dos sacramentos da iniciação **e aos adultos** que desejam aprofundar sua fé cristã e iniciados na vivência da fé, inseridos na comunidade eclesial através dos sacramentos.

O subsídio aponta para a caminhada nos passos do ano litúrgico, favorecendo a formação de discípulos missionários em cada tempo. A proposta para todo o itinerário foi organizada para iniciar em outubro por ocasião do começo do ano litúrgico e concluir após a celebração de Corpus Christi. Os encontros e as celebrações têm por finalidade fazer acontecer a experiência de discipulado no seguimento de Jesus Cristo, na comunhão, na vivência da fraternidade, na profecia da solidariedade, na missão de discípulos que compartilham a alegria de serem enviados para anunciar a Boa-Nova, fundamentada no exercício da Leitura Orante da Palavra de Deus como Verdade, Caminho e Vida.

Que o ***Caminho de Iniciação à Vida Cristã com adultos*** confirme a audácia e a coragem dos desafios da evangelização e enriqueça a formação das comunidades a partir da prática de Jesus Cristo.

Comissão Diocesana de Iniciação à Vida Cristã
Diocese de Caxias do Sul, RS.

ORIENTAÇÕES PRÁTICAS

- Seguir o caminho do ano litúrgico iniciando os encontros na primeira semana de outubro e concluir depois da festa de Corpus Christi.

- Priorizar para que a Palavra de Deus seja a fonte da catequese e os encontros pautados pela metodologia da Leitura Orante da Palavra de Deus. Para isso se faz necessário que todos tenham a Bíblia em mãos.

- Os encontros catequéticos estão elaborados para facilitar a sintonia, o acompanhamento e a vivência do ano litúrgico. Seguem o método: Jesus, "Verdade, Caminho e Vida" propondo atividades, dinâmicas e celebrações para envolver os catequizandos, os familiares e a comunidade.

- Adaptar os encontros e as dinâmicas conforme a realidade e o grupo enriquecidos com criatividade e sugestões.

- Preparar o ambiente de cada encontro com a Bíblia, a vela, as flores, a imagem de Jesus e de Nossa Senhora, e outros símbolos adequados à realidade, grupo ou tema a ser desenvolvido, prevendo o material sugerido para cada encontro ou outro adequado a realidade.

- Realizar as entregas e celebrações propostas com a participação da comunidade.

- Prever com antecedência os momentos celebrativos na comunidade, para que sejam bem preparados e vivenciados. Dessa forma se fortalecerá a caminhada da comunidade e o entrosamento com o caminho catequético.

- Organizar as celebrações com os catequizandos, equipe de liturgia, sacerdote, ministros, animação e outros membros da comunidade, preparando os leitores, os cantos e os materiais necessários.

- Os cantos propostos são sugestões para utilizar conforme o desenvolvimento do encontro e adaptados à realidade local.

- Enriquecer os encontros com outros recursos disponíveis, garantindo a relação pastoral, o envolvimento e a participação do grupo.

- Preparar o tema do encontro e as celebrações, distribuindo as tarefas entre os participantes, como também, organizar os recursos indicados para o seu bom desenvolvimento.

- Realizar os encontros nos espaços da comunidade, mas em caso de necessidade podem acontecer na casa dos catequizados.

- Enriquecer os encontros com tempos de partilha, criatividade e espontaneidade.

- Propor leituras e temas de aprofundamento entre um encontro e outro.

- Realizar os sacramentos no tempo sugerido, caso não for possível aproximar os tempos para não perder a característica litúrgica.

LEITURA ORANTE DA PALAVRA

Na proposta de catequese para o Caminho de Iniciação à Vida Cristã, optamos pelo método da Leitura Orante. Este método ajuda a assimilar o que a Bíblia mesmo diz em Dt 30,14: "A Palavra está muito perto de ti: na tua boca e no teu coração, para que a ponhas em prática".

COMO SE FAZ A LEITURA ORANTE DA PALAVRA?

Antes de tudo, a atitude é colocar-se à luz do Espírito de Deus e pedir sua ajuda. São quatro os passos da Leitura Orante da Palavra: Leitura, Meditação, Oração e Contemplação.

1º PASSO: LEITURA ATENTA DO TEXTO, FEITA VÁRIAS VEZES

De acordo com Dt 30,14 — "A Palavra está muito perto de ti: na tua boca" — é chegar perto da Palavra de Deus: a Palavra está na boca. Aqui descobrimos o que o texto diz em si mesmo.

O que diz o texto?

- Considerar o sentido de cada frase.
- Destacar os personagens, as imagens, os verbos, as ações.
- Repetir alguma frase ou palavra que mais chamou atenção.

2º PASSO: MEDITAÇÃO

É uma forma simples de meditação. É o momento de saborear o texto com cores e cheiros de hoje, da nossa realidade.

O que o texto me diz?

Ruminar, trazer o texto para a própria vida e a realidade pessoal e social.

- ◆ O que Deus está me falando?
- ◆ Que conversão me pede?
- ◆ Atualizar a Palavra para a realidade do lugar, do grupo, do momento.

3º PASSO: ORAÇÃO

O terceiro passo é a oração pessoal que pode desabrochar em oração comunitária, expressão espontânea de nossas convicções e sentimentos mais profundos.

Ler de novo o texto.

O que o texto me faz dizer a Deus?

- ◆ Formular a oração, suplicar, louvar a Deus, dialogar com Deus.
- ◆ Rezar um Salmo que expresse o sentimento que está em nós e no grupo.

4º PASSO: CONTEMPLAÇÃO

Olhar a vida com os olhos de Deus. É o transbordamento do coração em ação transformadora. "Para que ponhas em prática" (Dt 30,14).

Contemplar não é algo intelectual, que se passa na cabeça. É um agir novo que envolve todo nosso ser.

A partir deste texto, como devo olhar a vida, as pessoas e a realidade?

- ◆ O que devo fazer de concreto?
- ◆ O que ficou em meu coração e me desperta para um novo modo de ser e agir?
- ◆ Em que esta Palavra me ajuda a ser mais discípulo, discípula de Jesus?

1º ENCONTRO

Quem somos nós? O que buscamos?

Objetivo Explorar o autoconhecimento e a necessidade de se formar para juntar-se ao grupo de discípulos de Jesus.

1. MOMENTO DE ACOLHIDA E ORAÇÃO

Dinâmica: Correio. (Com a finalidade de gravar os nomes.)

O grupo se organiza, sentados, em círculo, usando crachás de identificação.

O catequista será o dono do correio e dirá: Carta de (nome de um dos participantes) para (nome de outro participante). Imediatamente os que foram chamados deverão trocar de lugar. O dono do correio, assim que se levantam os chamados, imediatamente senta no lugar ocupado por um dos participantes. Então, quem ficar em pé, sem lugar, será o novo dono do correio e continuará a brincadeira chamando outros dois nomes. Quando o dono do correio quiser mexer com toda a turma, ele dirá: *Carta circular* e todos os participantes deverão mudar de lugar ao mesmo tempo.

(Utilizar a dinâmica se o grupo possuir mais de 10 pessoas.)

Canto: *Você é importante para mim.*

♦ Vamos iniciar nosso diálogo falando um pouco sobre nós: quem somos, qual e como é a comunidade a que pertencemos, qual é o nosso trabalho e o que nos motivou a buscar a catequese para adultos.

♦ Após esse momento, façamos alguns minutos de silêncio e juntos iniciemos este encontro, em nome do Pai, do Filho...

(Rezar uma oração conhecida de todos os participantes.)

♦ Vamos ler e conversar sobre o que nos diz o texto inicial.

CADA PESSOA TEM O SEU JEITO DE SER E SUAS CAPACIDADES. São os dons de Deus. A pessoa também é portadora de limitações diante das quais sente a necessidade de se desenvolver, melhorar e mudar. Isto faz parte da dinâmica da vida de todo ser humano que se pergunta quem é, e se inquieta em busca de respostas que o ajudem a crescer como pessoa, tornando-se cada vez melhor.

Jesus chama para sermos seus discípulos. Chama-nos como somos, com capacidade e limitações, e propõe um caminho de vida. Nesse caminho de vida, todos são motivados a crescer na amizade uns com os outros, conhecer e seguir a pessoa de Jesus Cristo.

Andar com Jesus, ou seja, segui-lo, significa querer bem a si mesmo e as outras pessoas acolhendo as suas diferenças como grandes riquezas que complementam, enriquecem e estimulam a relação como encontro, convívio, partilha, diálogo, solidariedade, comunhão e tantas formas de expressão que realizam e trazem a felicidade. Viver é conviver. Abrir-se ao outro é ao mesmo tempo a possibilidade de realizar-se a si mesmo, pois na relação com o outro descobrimos quem somos. Dom Helder Camara afirma que: "Se tu és diferente, tu me enriqueces".

2. JESUS VERDADE! AJUDA-ME A CONHECER A TUA PALAVRA

♦ Leitura do texto bíblico: Jo 1,35-39.
♦ Reler o texto bíblico observando o nome das pessoas, as perguntas e respostas que envolvem os personagens.

Vamos imaginar:

a. Como eram as pessoas que aparecem no texto e seguiam Jesus?

b. O que faziam?

c. Como viveram junto com Jesus?

d. O que significam para você as palavras: "Venham e vocês verão"?

3. JESUS CAMINHO! ABRE MEU CORAÇÃO PARA ACOLHER A TUA VONTADE

- O que procuramos? O Evangelho nos diz que Jesus é o Cordeiro de Deus. O que precisamos saber para seguir a Jesus?
- Quais atitudes, quais comportamentos e quais expressões precisamos mudar para sermos felizes como Jesus, e segui-lo?
- Como ser discípulo missionário em nossa comunidade?

Precisamos conhecer como Jesus vivia e começar a viver como Ele.

4. JESUS VIDA! FORTALECE A MINHA VONTADE PARA VIVER A TUA PALAVRA

O TEXTO DESSE ENCONTRO NOS MOSTRA COMO A COMUNIDADE de João entendeu e compreendeu o chamado e como se forma a comunidade cristã. Quem conhece Jesus, deve ajudar aos outros a entenderem também como é a vida cristã. Para agir assim, somos convidados a seguir o testemunho de Jesus: conversar com as pessoas, mostrar que além dos afazeres, do trabalho, do esporte, do jogo, do estudo, da família, as pessoas são convidadas a cuidar da vida afetiva, espiritual, comunitária, a comunhão fraterna.

Os versículos 35 a 39 nos ajudam a refletir sobre o caminhar juntos, em comunidade. É preciso ser discípulos missionários de Jesus Cristo para que *nele todos tenham vida e vida em abundância. O verdadeiro discípulo é aquele que ouve a Palavra, encontra-se com Cristo e passa a segui-lo.*

Cristão é quem segue Jesus Cristo e seu projeto do Reino. Como os primeiros discípulos nós também estamos "procurando" um sentido e uma resposta para a nossa vida. O caminho que se inicia é resposta ao convite de Jesus: "Venham e vocês verão" (v. 39). Queremos encontrar Jesus, estar com Ele, conhecê-lo e seguir seus passos.

- Jesus falou para cada um de nós pela Palavra que ouvimos. O que vamos dizer a Deus? Em silêncio fazer sua oração pessoal.

- Rezar o Salmo 133. No início e no fim, todos repetem: "Como é bom, como é agradável os irmãos e as irmãs viverem juntos ".

Canto: *Mestre onde moras* – Gustavo Balbinot e Osmar Coppi.

5. COMPROMISSO

- Partilhar com as pessoas de suas relações a razão de sua escolha para participar da catequese e o motivo de inserir-se numa comunidade para conhecer a Jesus Cristo.

ANOTAÇÕES PESSOAIS

2º ENCONTRO

Somos construtores da história da salvação

Objetivo Reconhecer a importância da construção da própria história junto com o Povo de Deus.

1. MOMENTO DE ACOLHIDA E ORAÇÃO

- ♦ Iniciaremos nosso encontro observando a colcha de retalhos trazida pelo catequista que está diante de nossos olhos. É costurada com pedaços de tecidos de cores e texturas diferentes, no entanto, juntos formam um conjunto harmonioso.

- ♦ Recebemos um cartão em branco e nele vamos colocar nosso nome e nossa data de nascimento.

- ♦ Colocaremos o cartão preenchido sobre a colcha e nos cumprimentamos desejando-nos feliz nascimento.

- ♦ Após esse momento, façamos alguns minutos de silêncio e depois o sinal da cruz.

2. JESUS VERDADE! AJUDA-ME A CONHECER A TUA PALAVRA

- ♦ Leitura do texto bíblico: Jr 1,4-10.

- ♦ Vamos reler o texto, atualizando-o para nossa vida.

- ♦ Vamos conversar em duplas:

  - ▶ Como você descreve a atitude de Jeremias ao chamado de Deus?

- No dia a dia, quais os desafios que você encontra para responder ao chamado de Deus?

- Deus começou a sua história antes de você nascer. Você já ouviu histórias sobre o seu nascimento?

- Nos acontecimentos de sua vida houve alguma situação em que você percebeu a presença de Deus de maneira muito forte?

3. JESUS CAMINHO! ABRE MEU CORAÇÃO PARA ACOLHER A TUA VONTADE

DEUS CHAMOU JEREMIAS PARA APONTAR A INJUSTIÇA SOCIAL DO seu tempo que deixou muitos servindo aos poucos em função das dívidas. Deus chama também a cada um de nós, nos provoca e nos questiona.

Quando Deus chamou Jeremias para ser profeta, ele disse ser apenas uma criança, mas, o Senhor disse a ele que isso não importava, porque Ele já o tinha escolhido. Deus o escolheu quando estava na barriga de sua mãe. Ou seja, os planos de Deus para Jeremias foram feitos antes dele nascer! Deus pensou em como você seria e fez planos para você. Deus já sabia tudo sobre você. Deus te amou antes de você nascer! A pessoa mais importante que existe no universo inteiro, é Deus, e Ele planejou que você nascesse, porque Ele te ama! A sua vida é muito importante para Deus.

Jeremias foi escolhido para ser um profeta e pregar a Palavra de Deus e falar dele às pessoas, viajar para diferentes nações, com línguas diferentes. Jeremias se tornou um grande profeta porque creu e decidiu obedecer a Deus.

Deus continua fazendo da mesma maneira hoje. Ele escolhe crianças antes de nascer para serem seus profetas. Você não nasceu por acaso, Deus planejou o seu nascimento. Ele quer transformá-lo em um profeta para levar a Palavra d'Ele a outras nações. *Para isso precisamos ter coragem para saber o que Ele quer de nós. Deus não só nos chama, mas nos dá a essência da vida, pois Ele nos viu antes de nascermos. Não nos esqueçamos deste chamado de Deus até mesmo nas horas das dificuldades e das adversidades.*

Canto: *O profeta*

4. JESUS VIDA! FORTALECE A MINHA VONTADE PARA VIVER A TUA PALAVRA

- Assistir o vídeo "A Bíblia ontem e hoje" (versão atualizada – Paulinas).
- Após assistir o vídeo relacionar com a colcha de retalhos e a contribuição na construção da história.

5. COMPROMISSO

- Durante a semana registre como vai continuar escrevendo a história da salvação desde a sua comunidade.
- Ler o texto complementar.

> TEXTO COMPLEMENTAR

A CAMINHADA DO POVO DE DEUS

A história da salvação é a história da revelação de Deus à humanidade, a princípio dirigida a um povo, o povo hebreu, e mais tarde, de modo público, dirigido a todos, na figura de Jesus Cristo.

Deus planejou o mundo e escolheu o ser humano para habitá-lo. Criou o homem e a mulher como sua imagem e semelhança. Criou-os livres, criativos e responsáveis pela humanidade e por tudo o que foi criado. Confiou-lhes a continuidade da construção do mundo e de sua história junto aos povos. No entanto, o homem e a mulher rompem a relação com Deus, negando-o em seu amor, afastando-se daquele que os criou. Sendo assim, eles romperam o relacionamento consigo mesmo, com o irmão, com a natureza e com a comunidade, reduzindo a convivência a uma confusão (Babel). Com o afastamento de Deus saem do paraíso que Ele criou, surgindo, assim, o pecado.

Ler Gn 11,1-9.

Mas, Deus quer que seu plano inicial de criação do mundo seja real e possível. Ele ama muito seu povo, por isso, não o abandona. Ele o protege, o chama novamente para si, pois quer libertá-lo do mal e do pecado oferecendo-lhe a sua salvação.

Vejamos como Deus fez isso.

Mais ou menos em 1800 a.C., havia diversas nações espalhadas pelo mundo, grupos de homens e mulheres divididos entre povos, cada um acreditando em um deus. Diante da confusão, Deus escolheu seu povo, aquele que deveria amar um único Deus: **YAHWEH**. O povo escolhido era o de Israel que significa "marginalizados", o qual escolheu para com Ele iniciar seu caminho. Esse povo encontrava-se espalhado pelo Oriente Médio, andava na Mesopotâmia, hoje denominado Iraque, buscando um pedaço de terra e uma vida melhor.

Vendo a preocupação e o sofrimento de seu povo, que sempre clamava por ajuda, Deus escolhe Abraão para liderar e guiar o povo, pedindo-lhe que deixe a terra onde mora com seus parentes, em Ur da Caldeia, e se dirija à terra prometida. Abraão era um homem de muita fé que foi o primeiro patriarca. É o primeiro pai e fundador do povo da Bíblia. Assim Deus promete ao povo a terra prometida se eles aceitarem **YAHWEH** "aquele que é" como seu único Deus .

Ler Gn 12,1-6.

Abraão com sua esposa **Sara** iniciam a caminhada com o povo para a terra prometida, conforme Deus lhe indicara. Deus, por diversas vezes, testa a fé de Abraão, no entanto, este, se mostra sempre fiel. Inicialmente surge a dificuldade de Abraão ter seu descendente prometido por Deus e quando o tem, pede que ofereça esse mesmo primogênito como sacrifício.

O caminho de Abraão não foi fácil, ele precisou ter muita fé e confiança, para seguir sua missão. Abraão chega com o povo até a terra prometida Canaã, Palestina (Israel). Lá, a descendência de Abraão vai crescendo e dando lugar a novos povos. Seu filho **Isaac** continua sua missão, mantendo o povo junto. Isaac busca uma mulher para continuar a descendência do Povo de Deus, e escolhe **Rebeca**, e com ela tem dois filhos: **Esaú** e **Jacó** (também chamado depois de Israel.)

O povo crescia cada dia mais, e as diferenças aumentavam entre as pessoas. Com isso, o povo migra novamente em busca de mais terra, chegando até o Egito, levados pelos 12 filhos de Jacó que deram origem às 12 tribos de Israel. Cada um com uma tribo. Mas não havia diferença entre o povo da Palestina e do Egito porque ambos eram oprimidos. Todos sofriam, e tinham o desejo de ter uma terra que fosse sua e a vontade de ter uma vida mais abençoada. No Egito, o povo era escravo dos faraós. O povo hebreu crescia dia a dia, a tal ponto de o faraó adotar o genocídio como controle de natalidade. Porém, o povo continua oprimido e clamando por seu Deus que mais uma vez escuta o clamor de seu povo e o atende.

Próximo à data 1300 a.C., no Egito, uma mulher hebreia teve um filho e não desejando que ele morresse pela mão do Faraó, o coloca num cesto e o deixa na margem do rio, para que alguém pudesse encontrá-lo e cuidar dele. Essa criança foi encontrada pela própria filha do Faraó, que o chama de **Moisés** – "tirado das águas". O menino foi criado pela filha do faraó e educado como um príncipe egípcio. Já adulto, ficou revoltado com a maneira cruel como eram tratados os hebreus e ao defender um deles que recebia maus tratos matou um supervisor dos trabalhadores. Quando a notícia chegou aos ouvidos do faraó, Moisés fugiu e passou a viver como pastor no deserto, onde se casou com a filha de Jetro, o sacerdote de Madiã, que o havia hospedado. Longe dos irmãos e da corte, ele realiza a experiência de encontro com Deus, que o levaria a liderar o movimento da libertação. Deus se manifestou a Moisés no monte Sinai, revelando-lhe a opressão do povo, através dos clamores, aflições e sofrimentos. Essa revelação exigia sair de seu país e buscar uma terra espaçosa, longe da opressão.

Ler Ex 3,1-15.

Percebe-se como Deus é o Senhor da história, domina todas as circunstâncias, pois o próprio faraó que se tinha proposto aniquilar o Povo de Deus, educa e prepara em sua própria casa o maior libertador de todos os tempos: Moisés! Ele tem uma difícil missão: Libertar o Povo de Deus da escravidão. Moisés, então, lidera o Povo de Deus pelo Egito, fugindo da escravidão, libertando-o da opressão. Eles caminham 40 anos pelo deserto, Moisés e o Povo de Deus, em direção a terra prometida. O tempo todo, Deus acompanha seu Povo apesar das insatisfações que manifestam. Em meio às dificuldades para iniciar a vida em liberdade apareceu a tentação de retomar antigos vícios aprendidos dentro do sistema opressor como a centralização do poder, idolatria, superstições, privilégio dos nobres e outros. No deserto, o Povo teve fome, e em resposta ao clamor da fome, recebeu de Deus o maná que caía todas as manhãs. Foram instruídos para recolher apenas o necessário, sem acumular para o dia seguinte. Alguns, no entanto, desacreditaram na possibilidade e preocupados com o dia de amanhã, pois não confiam no seu Deus, resolvem estocar. Não acreditam no projeto de Deus, onde não é preciso haver acúmulos de alimentos, a não ser em casos de necessidade, onde deveria gerar a partilha, demonstrando sua fraqueza e suas inseguranças.

Os 40 anos no deserto foram necessários para fortalecer o grupo na fé e na confiança. Suas ideias eram descentralizar o poder, impedir a acumulação desnecessária e organizar de forma igualitária as tribos, sem poder central, formando uma nova sociedade igualitária e participativa. Após conseguir a libertação desejada pelo povo e inspirada por Deus, Israel agora está livre. Para consolidar a conquista era preciso uma prática libertadora mantendo na história a memória viva da ação do Deus libertador.

Deus se revela na expressão do Decálogo no monte Sinai, indicando condições e passos necessários para o povo viver a justiça, o amor e a liberdade. São princípios que orientam a nova compreensão da prática de vida para o povo continuar a marcha para a plena liberdade e conquistar a terra que lhe pertencia, pois, a liberdade seria um processo de luta persistente em não cair nos pecados dos egípcios. Pela lei dos dez mandamentos, Deus indicou o caminho certo para o povo.

Ler Ex 33,1-6.

O povo chega até a Palestina, a terra prometida, liderado por **Josué, sucessor de Moisés**, onde encontra um povo também oprimido. Esse grupo mais organizado que chega à Palestina onde encontra adesão dos oprimidos inicia uma longa luta contra o sistema dos Reis de Canaã. Durante 200 anos, mais ou menos de 1200 a.C. a 1000 a.C., o povo vive na Palestina com a figura central de Deus, com dificuldade e com o olhar no passado. Eles não conseguem o objetivo final, mas iniciam um processo gradativo. Aos poucos, a ideia da sociedade igualitária vai enfraquecendo. E mais ou menos em 1025 a.C., com a morte de Samuel, último dos juízes em Israel e primeiro profeta após Moisés, o povo deseja um rei enfraquecendo toda a estrutura anterior do projeto de Deus, que pouco a pouco se perde.

Outro sinal de que essa Aliança estava enfraquecendo era o empobrecimento no seio do povo. Com a infidelidade à Aliança o povo cai no pecado e na desobediência.

Voltam as opressões e as divisões de ideia, perde o sentido da partilha, retomam as acumulações de poder e da terra, os trabalhos forçados, os cultos estrangeiros e outros. Deus, no entanto, sempre se preocupou com seu povo, sempre o acompanhou de perto. Surgem mulheres e homens sábios e santos, chamados **profetas**. Eles falam em nome de Deus e chamam a atenção do povo quando este se desvia dos caminhos, das promessas e da Aliança. Os profetas são pessoas que vivem em sintonia com o projeto de Deus e, por isso, percebem as incoerências e os abusos de poder por parte do rei, bem como chamam a atenção do povo para a fidelidade à Aliança com Deus. Em tempo de grande sofrimento e perseguição, desequilíbrios sociais e desmandos governamentais ou crises de fé, são eles que falam da esperança. O verdadeiro profeta é confirmado diante da realidade. A partir dos critérios da fé, eles propõem a justiça e julgam o povo e os líderes. Na inspiração dos profetas está sempre o projeto de Deus no olhar e no coração do povo. (Verificar na Bíblia os nomes dos profetas, destacando os maiores e os menores.)

A experiência da Aliança realizada pelo povo de Israel foi ao mesmo tempo a experiência do pecado e infidelidade do povo e de misericórdia e libertação da parte de Deus. Essa Aliança se realiza plenamente na vida de Jesus Cristo, o Messias anunciado pelos profetas e esperado pelo povo. Deus se revelou e se fez presente na humanidade por sua Palavra e pela encarnação de seu filho Jesus Cristo, que veio no meio do povo como um ser humano para comunicar a Boa-Nova do Reino e construir um mundo mais fraterno sob a bandeira do amor.

Para provar sua lealdade e amor, Deus mandou seu filho Jesus, para que vivesse como ser humano, sujeito às dificuldades da pregação e perseguição até a morte na Cruz. A ressurreição, porém, é a certeza de que o Reino dos Céus existe, e como Jesus, a humanidade pode dedicar-se à construção de um mundo melhor com o objetivo de trabalhar para o reino de amor e vida estabelecidos na terra, construído de forma nova na prática de Jesus.

Jesus Cristo chama, forma e envia seus discípulos para dar continuidade à história do povo de Deus. Após a paixão, morte e ressurreição de Jesus a seu projeto continua nas primeiras comunidades, missão confiada e exercida pelos discípulos.

Ler Mt 28,19-20.

Hoje, ainda somos convidados a fazer parte desse povo, a caminhar em busca da terra prometida, em busca da felicidade. **A história da salvação** é nossa própria **história**.

Ler 1Jo 1,1-4.

ANOTAÇÕES PESSOAIS

3º ENCONTRO

Conhecendo a Bíblia Sagrada

Objetivo Identificar a centralidade da Bíblia na vida do cristão e a necessidade de conhecer, escutar, amar e experimentar o livro sagrado.

1. MOMENTO DE ACOLHIDA E ORAÇÃO

Estamos mais uma vez reunidos e alegres por estarmos juntos. Todos nós sabemos da importância do grupo e do encontro. Iniciemos cantando o sinal da cruz.

(Realizado o sinal da cruz, a pessoa convidada pelo catequista acende a vela.)

Vamos acender uma vela e observar sua chama, por alguns instantes, pensando no Cristo ressuscitado como caminho de luz para a vida cristã.

2. JESUS VERDADE! AJUDA-ME A CONHECER A TUA PALAVRA

- Leitura do texto bíblico: Lc 4,16-21.
- Após a leitura, cada um beija a Palavra de Deus.
- Cada um lê, individualmente, o mesmo texto da Bíblia, em silêncio.
- Recontar o texto.
- Vamos repetir juntos as frases que Jesus leu no livro que lhe deram.
- Como as pessoas se comportaram durante a leitura da Palavra de Jesus?

NA BÍBLIA ENCONTRAMOS COMO DEUS SE COMUNICOU COM SEU povo. Isto Ele o fez de diversas maneiras e estas foram registradas e organizadas para transmitir a sua mensagem e suas orientações que chegam a nós nos dias de hoje. Por isso podemos dizer que a Bíblia é um meio de comunicação entre Deus e as pessoas.

(O catequista dará orientações sobre a estrutura da Bíblia.)

O centro da Sagrada Escritura é Jesus. O Povo de Deus sempre esperou pelo Messias. No Antigo Testamento o povo esperava por um enviado de Deus que viria libertar o povo de toda opressão. Os profetas anunciam este "Servo de Javé", que viria para reerguer e servir ao povo de Israel. Essa convicção foi crescendo no pensamento e no agir das pessoas. Quando Jesus começa a anunciar o Reino de Deus, o povo simples e humilde foi, aos poucos, percebendo que Ele era esse Messias. Jesus mesmo se declara o Filho do Pai, enviado para a salvação do mundo. O que se fala de Jesus ajuda a conhecê-lo melhor. No entanto, isso não basta. É necessário ler, meditar, silenciar e rezar a Palavra de Deus, especialmente os Santos Evangelhos. Para conhecer melhor quem é Jesus, vamos aprender o método da Leitura Orante da Bíblia. Este vai nos ajudar a sentir a beleza da Palavra de Deus e fazer a experiência da salvação no "tempo de hoje". A Bíblia é o primeiro livro de catequese.

A Bíblia não nasceu pronta. Para estar organizada como a temos hoje, precisou de um longo processo histórico. Foram homens e mulheres que a escreveram, inspirados por Deus e sustentados na fé.

Para entender a Palavra de Deus, que está na Bíblia, precisamos abrir nossas mentes e nossos corações para relacionar os fatos e acontecimentos e nossa vida com a mensagem que Deus quer passar.

A Bíblia é um grande livro que se divide em duas grandes partes, chamadas de testamentos de amor de Deus. A palavra Bíblia significa conjunto de livros. Ela contém 73 livros, sendo 46 livros do Antigo Testamento e 27 livros do Novo Testamento. É um volume único, escrito por etapas, originalmente em hebraico, aramaico e grego. Foram precisos onze séculos para se escrever a Bíblia.

(É importante junto com os catequizandos ter a Bíblia em mãos e explicar parte por parte dando as noções gerais.)

A primeira parte, conhecida como Antigo Testamento, nos fala como Deus criou o mundo e as pessoas e como agiu na História, através daqueles que souberam descobrir qual era a vontade de Deus. Ao abrir a Bíblia, encontramos os nomes desses livros no "índice" ou "sumário". A segunda parte, conhecida como Novo Testamento, apresenta um Deus que envia o seu filho amado e arma a tenda no meio da humanidade na pessoa de Jesus. O Novo Testamento mostra a vida, a pregação, os ensinamentos, as obras, a morte e ressurreição de Jesus. Narra também como os apóstolos e os discípulos, acreditando em Jesus, o Filho de Deus vivo, continuaram a sua obra. Explica também quais foram os primeiros grupos que seguiram Jesus, as primeiras comunidades que se organizaram através da pregação dos apóstolos.

Todos os livros da Bíblia são divididos em capítulos, e cada capítulo, em versículos. O capítulo é o número maior (sempre ao lado da parte escrita), e o versículo, o número menor (muitas vezes no meio das frases.)

VAMOS EXPLORAR

Com a Bíblia em mãos vamos fazer o exercício de busca dos textos, bem como o exercício da divisão literária do Primeiro e do Segundo Testamento, observando a quantidade de capítulos.

Ao ler a Bíblia percebemos que Deus tem um projeto que deseja realizar junto com seu povo. Seu projeto é revelado na Bíblia que apresenta para todos a sua Palavra, mantida por seu povo fiel através do tempo. Para conhecer o seu projeto, cabe ao ser humano conhecer e ouvir a sua Palavra para tornar-se aliado de Deus na luta por mais vida digna e liberdade.

3. JESUS CAMINHO! ABRE MEU CORAÇÃO PARA ACOLHER A TUA VONTADE

Vamos atualizar a Palavra.

- ▸ O que esta Palavra de Deus me ensina?
- ▸ Jesus participa do encontro na sua comunidade? Por que a Palavra de Deus é importante para o nosso encontro?
- ▸ Que orientação a Palavra de Deus, que ouvimos hoje, nos oferece para a vida?

4. JESUS VIDA! FORTALECE A MINHA VONTADE PARA VIVER A TUA PALAVRA

◆ Façamos um momento de silêncio e de oração pessoal.

  ▶ O que quero dizer a Deus hoje?

  ▶ O que tenho para agradecer?

◆ Juntos rezemos:

Jesus, nós somos teus seguidores e por isso queremos acolher este Santo Livro. É a Bíblia que nos mostra como Deus nos ama e nos quer bem. Ajuda-nos a conhecer, meditar a sua Palavra e compreendê-la em nossa mente e coração para alimentar a nossa vida.

◆ Todos de pé, em silêncio, passam uma Bíblia de mão em mão. Ao recebê-la, beijar a Bíblia e assinalar a boca e os ouvidos com o sinal da cruz como gesto simbólico para que a cada dia possa aprender a escutar e a anunciar a Palavra de Deus.

Canto: *(Sobre a temática bíblica.)*

5. COMPROMISSO

Ampliar os conhecimentos gerais sobre a Bíblia, valendo-se dos recursos tecnológicos ou outros, para ler mais a Palavra de Deus e se possível participar de algum encontro de formação no futuro.

ANOTAÇÕES PESSOAIS

CELEBRAÇÃO DA APRESENTAÇÃO DOS CATEQUIZANDOS À COMUNIDADE

Rito da assinalação e entrega da Palavra de Deus

Canto inicial: *Invocação ao Espírito Santo*

Animador(a): No processo de Iniciação à Vida Cristã, o primeiro rito que marca a caminhada catecumental é a assinalação da fronte e dos sentidos. Inspirados no Livro do Apocalipse, a Igreja marca os que se tornarão cristãos, para que o ser humano todo, em seus diversos sentidos, pertença a Jesus Cristo. É sinal do triunfo de Deus que ilumina toda criatura com a ressurreição de seu Filho, concedendo participação em seu Mistério. Assinalar os sentidos com a cruz torna a pessoa apta e capaz para a compreensão das Escrituras que será entregue aos catequizandos.

(Um catequista conduz a cruz pelo corredor central até o altar, enquanto se canta.)

Canto: Te amarei, Senhor (*Me chamaste para caminhar na vida contigo...*)

Presidente: Em nome do Pai e do Filho e do Espírito Santo.

Presidente: A graça de Nosso Senhor Jesus Cristo, o amor do Pai e a comunhão do Espírito Santo estejam sempre convosco.

Todos: E com teu Espírito.

Presidente: (Chama os candidatos pelo nome e os apresenta à comunidade.)

Oração: A vida eterna consiste em conhecermos o verdadeiro Deus e Jesus Cristo, que Ele enviou. Ressuscitando dos mortos, Jesus foi constituído, por Deus, Senhor da vida e de todas as coisas, visíveis e invisíveis. Se vocês querem ser discípulos e discípulas de Jesus e membros da Igreja, é preciso ser instruídos e instruídas em toda a verdade revelada por Ele; aprender a ter os mesmos sentimentos de Jesus Cristo e viver segundo os preceitos do Evangelho; e, portanto, amar o Senhor Deus e o próximo como Cristo nos mandou fazer, dando-nos o seu exemplo.

Cada um de vocês está de acordo com tudo isso?

Catequizandos: Estou.

Presidente: Catequizandos, vocês estão dispostos e dispostas a ajudar àqueles que perdem a fé a encontrar e seguir Jesus?

Catequizandos: Estou.

Presidente: Pai de bondade, nós vos agradecemos por estes vossos filhos e filhas, que de muitos modos inspirastes e atraístes. Eles vos procuraram, e responderam na presença ao chamado que hoje lhes dirigistes. Por isso, Senhor Deus, nós vos louvamos e bendizemos.

Todos: Bendito seja Deus para sempre. (Cantado.)

Presidente: Queridos catequizandos, Cristo chamou a vocês para serem seus amigos; lembrem-se sempre dele e sejam fiéis em segui-lo! Para isso, vou marcar vocês com o sinal da cruz de Cristo, que é o sinal dos cristãos. Este sinal nos lembra de Cristo e de seu amor por nós.

Assinalação da Cruz na fronte e nos sentidos

Presidente:
(Procederá a unção a cada catequizando, durante a qual o canto ou animador, para cada assinalação, diz ou canta as frases relacionadas.)

Cantor ou animador: Receba na fronte o sinal da cruz, viva com alegria de Cristo Jesus.

Cantor ou animador: Receba nos olhos o sinal da cruz, contemple em sua vida o que Deus conduz.

Cantor ou animador: Receba na boca o sinal da cruz, para anunciar a Boa-Nova de Jesus.

Cantor: Receba no peito o sinal da cruz, para que Cristo habite em seu coração.

Cantor ou animador: Receba nos ombros o sinal da cruz, carreguem o suave julgo de Cristo Jesus.

Presidente: Eu marco vocês com o sinal da cruz: em nome do Pai e do Filho e do Espírito Santo, para que vocês tenham a vida eterna.

Todos: Amém.

Todos(as): *Gloria a ti, Senhor, toda a graça e louvor.*

Presidente: Oremos.
Deus todo-poderoso, que pela cruz e ressurreição de vosso Filho destes a vida ao vosso povo, concedei que estes vossos filhos e filhas, marcados com o sinal da cruz, seguindo os passos de Cristo, conservem em sua vida a graça da vitória da cruz e manifestem por palavras e gestos. Por Cristo, nosso Senhor.

Todos: Amém!

Presidente: Eu entrego a vocês o sinal da cruz: em nome do Pai e do Filho e do Espírito Santo, para que vocês tenham a vida eterna.

(Enquanto se coloca a cruz pode-se cantar: No peito eu levo uma cruz, no meu coração o que disse Jesus!)

Entrada da Palavra de Deus

Canto de aclamação

Proclamação da Palavra (cf. liturgia do domingo).
Leituras do Primeiro e Segundo Testamento, Salmo responsorial.

Homilia

Creio

ENTREGA DA PALAVRA DE DEUS

Animador(a): O principal livro da catequese é a Bíblia, a Palavra de Deus revelada para toda a humanidade. Pela Bíblia aprendemos a conhecer quem é Jesus e a viver o que Ele nos ensina. Ela faz com que estejamos mais próximos de Jesus e do projeto de amor que anunciou e testemunhou para toda a humanidade. Seguir Jesus é escutar o que Ele tem para nos dizer. Por isso, hoje, entregamos a cada um este Livro Sagrado para que ele seja lido, meditado e vivido. Vamos estender a nossa mão em direção à Bíblia e acompanhemos a oração.

Presidente ou ministro da Palavra: Estimados catequizandos, recebam o Livro Sagrado da Palavra de Deus. Que esta Palavra Divina seja força no coração e luz na vida.
(O padre entrega pessoalmente a Bíblia na mão de cada um como forma de acolhida e de responsabilidade da pessoa.)

Canto: *Canta-se um refrão apropriado.*

Animador: Com a Bíblia na mão vamos rezar.

Catequizandos: Senhor Jesus, que nos convidas a construir a nossa vida sobre a tua Palavra, vivendo e agindo como o Senhor, pedimos que tenhamos em nós os mesmos sentimentos que tiveste e que vivamos os teus ensinamentos. Por isso, te pedimos nesse dia que recebemos esta Bíblia: ajuda-nos a conhecer, meditar e viver a tua Palavra. Que ela seja lâmpada para nossos passos e luz para o nosso caminho. Isto te pedimos, Tu que és Deus com o Pai na unidade do Espírito Santo. Amém.

PRECES COMUNITÁRIAS

Presidente: Oremos por nossos irmãos e irmãs, agradecendo a benevolência de Deus que os conduziu a este dia e peçamos que possam percorrer o grande caminho que ainda falta até participarem plenamente da vida cristã.

R.: Senhor, atendei a nossa prece.

1. Senhor, que a proclamação e escuta da vossa Palavra nos revele Jesus Cristo vosso Filho.

2. Senhor, inspirai-nos para que com generosidade e disponibilidade acolhamos vossa vontade.

3. Senhor, sustentai-nos com vosso auxílio sincero e constante na caminhada da Iniciação à Vida Cristã.

4. Senhor, fazei que nossas comunidades unidas na oração e na prática da caridade sejam exemplo de vida para todos.

5. Senhor, tornai-nos sensíveis às necessidades e sofrimentos de nossos irmãos e irmãs e inspirai-nos gestos de solidariedade.

6. Senhor, iluminados e iluminadas por vossa Palavra e amparados pela comunidade sejamos dignos do Batismo e da renovação do Espírito Santo.

ORAÇÃO CONCLUSIVA

Presidente: Deus eterno e todo-poderoso, sois o Pai de todos e criastes a humanidade à vossa imagem. Acolhei com amor estes irmãos e irmãs e concedei que eles, renovados pela força da Palavra de Cristo cheguem pela vossa graça à plena conformidade com vosso Filho Jesus. Que vive e reina para sempre. Amém.

SEGUE A LITURGIA EUCARÍSTICA CONFORME RITUAL

BÊNÇÃO FINAL

Presidente: Estimados Catecúmenos, vamos inclinar a cabeça para receber a bênção. Convido a todo o Povo de Deus aqui presente para estender a mão sobre estes que receberam o sinal da cruz e entregamos a Sagrada Escritura:

O Presidente prossegue: Abençoa, Senhor, estes teus filhos e filhas, a quem entregamos a tua Palavra. Ajuda-os a acolherem no coração a sabedoria do amor, do perdão, da solidariedade, da fraternidade que leva à salvação. Fazei que esta Palavra produza muitos frutos do Reino de Deus, por meio de Jesus Cristo, nosso Senhor, que é Deus conosco, na unidade do Espírito Santo. Amém.

Canto final: *À critério da comunidade.*

4º ENCONTRO

A Palavra de Deus na vida do cristão

Objetivo Compreender a importância da Leitura Orante da Palavra de Deus na vida do cristão.

1. MOMENTO DE ACOLHIDA E ORAÇÃO

♦ Vamos nos colocar em posição confortável, fechar os olhos e seguir o ritmo da música. Respirar percebendo o ar que inspira e expira.

♦ Invocamos o Espírito Santo para que nos acompanhe neste momento de oração mais íntima com o Senhor diante de sua Palavra.

♦ Façamos o sinal da cruz...

♦ Faremos o encontro, orientados por passos do método da Leitura Orante da Palavra de Deus com as atitudes de conhecimento da Palavra: **Verdade, Caminho e Vida.**

♦ Vamos escutar Deus que fala, buscando perceber em nossa vida e na comunidade a presença dele. A Leitura Orante da Palavra de Deus nos ajuda a interpretar a nossa vida à luz da Palavra de Deus.

2. JESUS VERDADE! AJUDA-ME A CONHECER A TUA PALAVRA

♦ Leitura do texto bíblico: Hb 4,12-13.

♦ Vamos reler o texto para compreender melhor.

♦ O que o texto diz?

▶ Repetir as palavras mais significativas em relação à importância da Palavra.

▶ Como é definida a Palavra de Deus?

▶ A Palavra é Verdade: eficaz e penetrante. A Palavra de Deus age diante de nossos olhos.

3. JESUS CAMINHO! ABRE MEU CORAÇÃO PARA ACOLHER A TUA VONTADE

- O que o texto diz para mim hoje?

  - Quais caminhos a Palavra me indica para viver intensamente a vontade de Deus?

  - Quando a Palavra de Deus se concretiza na minha vida?

  - Quais as exigências que se fazem necessárias cumprir para acolher a vontade de Deus?

4. JESUS VIDA! FORTALECE A MINHA VONTADE PARA VIVER A TUA PALAVRA

- O que o texto me faz dizer a Deus?

  - Depois de ouvir e rezar esta Palavra, o que me proponho viver para que ela seja força na minha vida?

  - Façamos um instante de silêncio e depois espontaneamente nossa oração.

5. COMPROMISSO

- Quais são as descobertas feitas a partir do texto bíblico rezado? Como podemos nos comprometer com o exercício da Leitura Orante da Palavra de Deus?

Concluir um canto

ANOTAÇÕES PESSOAIS

5º ENCONTRO

O caminho da fé no Ano Litúrgico

Objetivo Entender o que é e como se organiza o ano litúrgico.

1. MOMENTO DE ACOLHIDA E ORAÇÃO

◆ No encontro de hoje vamos observar o cartaz com as informações do tempo litúrgico na Igreja e juntos lembrar quais as festas que são importantes na Igreja, o que celebramos e o que vivemos em cada uma delas.

(Apresentar um cartaz do calendário litúrgico colorido.)

◆ Rezemos a oração do Glória agradecendo as alegrias que vivemos em cada uma das festas e solenidades que marcam a vida de nossa Igreja e de nós cristãos.

2. JESUS VERDADE! AJUDA-ME A CONHECER A TUA PALAVRA

◆ Leitura do texto bíblico: At 20,7-12.
◆ Vamos reler o texto para compreender melhor.
◆ O que o texto diz?
  ▸ O texto apresenta um modelo de celebração da comunidade.
  ▸ Onde e quando é feita a celebração?
  ▸ Quem participa da celebração?
  ▸ O que acontece na celebração?

3. JESUS CAMINHO! ABRE MEU CORAÇÃO PARA ACOLHER A TUA VONTADE

- O que o texto diz para mim hoje?

  - As primeiras comunidades reuniam-se para celebrar os momentos importantes da vida.
  - O que este texto revela para mim hoje?
  - Quais as diferenças das celebrações que acontecem durante o ano?

Vamos conversar sobre o significado do tempo litúrgico na Igreja e o sentido para o caminho de fé e celebração.

O ANO LITÚRGICO É O "CALENDÁRIO RELIGIOSO". CONTÉM AS DATAS dos acontecimentos da História da Salvação. Começa e termina quatro semanas antes do Natal. Tem como base as fases da lua. Compõe-se de dois grandes ciclos: o Natal e a Páscoa.

O ano litúrgico é o conjunto das celebrações através das quais são refletidos, rezados e celebrados todos os mistérios cristãos. Nele se considera os fatos sobre um Deus prometido que é esperado, esse mesmo Deus feito homem e que depois morre numa cruz e ressuscita, assim como ensinamentos e exemplos que nos deixou: caridade, perdão e oração.

O ano litúrgico segue uma ordem lógica: encarnação, nascimento de Jesus, seu ministério, paixão, morte e ressurreição. Por meio dele se reflete a ação da Santíssima Trindade na vida dos homens. Mas há ainda espaço para que se celebre a colaboração dada ao plano de Deus por parte de tantas criaturas: Maria, José, João Batista, os apóstolos. Trata-se de uma caminhada catequética, teológica, espiritual, tendo em vista a parusia, ou seja, a liturgia na vida eterna.

O Natal tem um tempo de preparação, que é o Advento; e a Páscoa tem também um tempo de preparação, que é a quaresma. Ao lado do Natal e da Páscoa está um período longo, de 34 semanas, chamado Tempo Comum.

O ano litúrgico começa com o Primeiro Domingo do Advento e termina com o último sábado do Tempo Comum, que é na véspera do Primeiro Domingo do Advento.

Advento são as quatro semanas que antecedem o Natal e prepara os corações para melhor conhecer a vida de Jesus. A seguir vem o Natal e as festas a ele relacionadas: Sagrada Família, Maternidade de Maria e Magos.

A Semana Santa é precedida pela quaresma. São cinco semanas preparatórias para as grandes celebrações do cristianismo: Paixão, morte e ressurreição de Jesus. Começa na Quarta-feira de Cinzas. Na Semana Santa, além de Ramos, se celebram a Última Ceia, a morte do Senhor e a ressurreição.

Após a ressurreição, seguem seis semanas nas quais se rememora a vitória da vida sobre a morte, o triunfo de Cristo, o triunfo da humanidade. A Ascensão do Senhor é celebrada no domingo, no 7º domingo depois da Páscoa. Também as solenidades de Pentecostes e Santíssima Trindade ocupam domingos de Tempo Comum, sendo que com a primeira festa se encerra o ciclo pascal. As restantes trinta e quatro semanas do ano constituem o Tempo Comum. Ele está entre o ciclo natalino e a quaresma, assim como entre o ciclo pascal e o Advento posterior. Estas duas partes, a saber, a que intermedeia o ciclo natalino e a quaresma, e a que intermedeia o ciclo pascal e o Advento posterior, variam de tamanho, de ano para ano, conforme a Páscoa, que é festa móvel, isto é, que não tem data fixa, ou seja, está mais próxima ou mais distante do Natal.

Para cada solenidade usa-se uma cor que caracteriza o tempo litúrgico: roxa, branca, rosa e vermelha.

Com a Celebração da Festa de Cristo Rei conclui-se o ano litúrgico dando lugar ao Tempo do Advento.

4. JESUS VIDA! FORTALECE A MINHA VONTADE PARA VIVER A TUA PALAVRA

- O que o texto me faz dizer a Deus?

- Rezemos juntos o Sl 92(91)2-6.

5. COMPROMISSO

- Conhecendo o sentido do ano litúrgico, que compromisso nós podemos assumir?

Concluir um canto adequando ao encontro vivenciado.

ANOTAÇÕES PESSOAIS

6º ENCONTRO

Jesus Cristo é Rei do universo e da vida

Objetivo Compreender que o reinado vivido por Jesus é o da vida, da justiça e de acolhida ao pobre.

1. MOMENTO DE ACOLHIDA E ORAÇÃO

- No encontro de hoje, vamos refletir sobre a festa de Jesus Cristo como Rei do Universo. Lembramos que estamos indo para o fim do ano. Com a festa de Cristo Rei, concluímos o ano da Igreja, o ano litúrgico e iniciamos um novo tempo que é o Advento.
- Diante da imagem de Jesus fixemos nossos olhos e cantemos: *Jesus Cristo, ontem, hoje, sempre* como manifestação de nosso amor ao Rei do Universo.
- Façamos o sinal da cruz...

2. JESUS VERDADE! AJUDA-ME A CONHECER A TUA PALAVRA

- Leitura do texto bíblico: Mt 25,31-46.
- Retomar a leitura do texto dois a dois.
    - Quais os grupos de pessoas de quem Jesus fala?
    - O que diz aos que estão à sua direita?
    - O que diz aos que estão à sua esquerda?

O POVO DE ISRAEL, NA BÍBLIA, ESPERAVA MUITO UM REI JUSTO E salvador. No tempo de Jesus, esperavam um rei ou um líder do povo para se libertar do Império Romano que ocupava a Palestina e explorava o povo. Com a liderança desse rei, poderiam ser fortes e se livrar dos romanos. Jesus é o Messias enviado por Deus e também é entendido como rei. Mas Jesus é um rei com atitudes diferentes das esperadas: lava os pés dos discípulos; diz que o maior no Reino de Deus é aquele que serve; em sinal de humildade, entra em Jerusalém montado num jumento e é aclamado rei.

O evangelista Mateus apresenta Jesus como rei, realizando o julgamento das pessoas, destacando aquilo que de fato vale para a vida: amar a Deus e as pessoas, de modo especial, as que mais precisam. No tempo de Jesus, os mais necessitados eram os famintos, os que tinham sede, os estrangeiros, os sem roupa, os doentes e os encarcerados.

O Reino, anunciado por Jesus, é entendido como Reino da abundância da vida para todos (Jo 10,10), Reino de santidade e de justiça, reino de amor e de paz. Hoje, quem é considerado uma "pessoa de sucesso"? Aquele que tem poder e dinheiro. Esses, normalmente, pensam só em si e não se importam com os outros! É assim que sonhamos ser? Ou podemos assumir o desafio de construir relações humanas como Jesus pensava? É o que ele vai pedir a cada um de nós no fim da vida: o que você fez para ajudar os outros? Não vai pedir quanta riqueza acumulou na vida. Devemos nos imaginar sendo cristãos solidários e ensaiar, desde já, gestos concretos de vida justa e fraterna. Um dia, Jesus vai repetir para nós: "Todas as vezes que vocês fizeram isso a um dos menores dos meus irmãos, foi a mim que o fizeram" (Mt 25,40).

Na festa de Cristo Rei, lembramos também a vocação do cristão. Pelo Batismo, somos todos sacerdotes, profetas e reis. Somos chamados a anunciar e a testemunhar a Boa notícia, a celebrar a vida e a prestar culto a Deus. Como Jesus Cristo, somos reis convocados a colocar a nossa vida realizando o bem a serviço da comunidade e do mundo. A prioridade é a caridade aos mais necessitados.

3. JESUS CAMINHO! ABRE MEU CORAÇÃO PARA ACOLHER A TUA VONTADE

♦ O que essa Palavra de Deus na festa de Cristo, Rei do Universo, diz para nós hoje?

♦ Qual é o ensinamento que nos oferece?

♦ Quem são os "cabritos" e quem são as "ovelhas"?

♦ Que tipo de Rei é Jesus? Que reinado Ele quer construir?

Atividade em grupo

Vamos fazer dois grupos.

O grupo 1 procura descrever os valores do Reino de Jesus.

O grupo 2 descreve os valores do reino que as pessoas humanas buscam.

Realizar a atividade se houver um número considerável de participantes.

4. JESUS VIDA! FORTALECE A MINHA VONTADE PARA VIVER A TUA PALAVRA

- Que oração nasce do meu coração para o coração de Deus a partir dessa Palavra?

(*Fazer silêncio para que cada um possa fazer sua oração.*)

- Olhando para as realidades em que vivemos em nossa sociedade iluminados pela Palavra de Deus, rezemos esta ladainha. Vamos responder após cada invocação: **Venha o teu Reino, Senhor.**

  – Para todos os que têm fome e sede...

  Todos: Venha o teu Reino, Senhor.

  – Para os pobres e doentes...

  – Para os sem casa e sem roupa...

  – Para os nossos irmãos e irmãs presos...

  – Para os sem-terra e sem-trabalho...

  – Para os migrantes e refugiados...

  – Para os jovens...

  – Na Igreja e no mundo...

  – Para as crianças e pessoas idosas...

  Digamos juntos: Vinde benditos do meu Pai para o Reino prometido.

  Em círculo, todos se abraçam, formando um grupo unido e rezam juntos a oração do Pai-Nosso.

5. COMPROMISSO

- O Evangelho nos apontou vários grupos de necessitados. Cada um, conforme suas possibilidades, escolhe um grupo para visitar, ajudar, ter um gesto de solidariedade.

♦ A festa de Cristo Rei nos convida a servir. Procure conhecer os serviços que existem na comunidade, especialmente os que se orientam à caridade e à ajuda concreta às pessoas. Procurar saber como funciona e analisar as possibilidades de você e, também, alguém de sua família se engajar em algum deles para melhor viver o Evangelho.

Concluir o encontro com um canto apropriado.

ANOTAÇÕES PESSOAIS

7º ENCONTRO

A alegria da espera

Objetivo Relacionar o tempo litúrgico do Advento e o sentido da espera alegre do Senhor que vem morar no meio de nós.

1. MOMENTO DE ACOLHIDA E ORAÇÃO

Iniciamos o Tempo do Advento, tempo em preparação ao ciclo do Natal. A liturgia do Advento caracteriza-se como período de preparação, como se pode deduzir da própria palavra advento que se origina do verbo latino *advenire*, que quer dizer *chegar*. Advento é tempo de espera d'Aquele que há de vir. No Advento nos preparamos para celebrar o Senhor que veio, que vem e que virá

UM DOS MUITOS SÍMBOLOS DO NATAL É A COROA DO ADVENTO QUE, por meio de seu formato circular e de suas cores, expressa a esperança e convida à alegre vigilância. A coroa teve sua origem no século XIX, na Alemanha, nas regiões evangélicas, situadas ao norte do país. Os católicos adotaram o costume da coroa do Advento no início do século XX. Na confecção da coroa eram usados ramos de pinheiro e cipreste, únicas árvores cujos ramos não perdem suas folhas no outono e estão sempre verdes, mesmo no inverno. Os ramos verdes são sinais da vida que resiste como a esperança.

A Coroa do Advento é um sinal do Tempo do Advento – tempo em que esperamos e preparamos o nascimento de Jesus. Como todo símbolo, nos fala forte através dos seus elementos.

A coroa feita de ramos verdes entrelaçados lembra-nos a comunhão que devemos ter com as pessoas, com os que são diferentes de nós, com o mundo todo e com o universo. E porque os ramos são entrelaçados entendemos que andar no caminho de Jesus é questão de fraternidade. As quatro velas, que devem ser acesas uma em cada semana, lembram-nos duas partes: Na primeira, as quatro semanas que precedem o Natal; Na segunda, a coroa de luz à sua volta lembra que, aos poucos, precisamos ir iluminando o ambiente onde vivemos. A luz vai aumentando à medida que se aproxima o Natal, festa da luz que é Cristo, quando a luz da salvação brilha para toda humanidade.

As cores das quatro velas, quase em todas as partes do mundo, a mais usada é a cor vermelha.

A coroa é um símbolo que nos indica que o Natal se aproxima. O nascimento do Senhor JESUS é a grande esperança que fortifica a vida dos cristãos.

As cores das quatro velas, quase em todas as partes do mundo, a mais usada é a cor vermelha. No Brasil, até pouco tempo atrás, costumava-se usar velas nas cores roxa ou lilás, e uma vela cor de rosa referente ao terceiro domingo do Advento, quando se celebra o Domingo da Alegria, cuja cor litúrgica é rosa. Porém, atualmente, tem-se propagado o costume de velas coloridas, cada uma de uma cor, visto que, nosso país é marcado pelas culturas indígena e afro, onde o colorido lembra festa, dança e alegria.

Em algumas comunidades, os fiéis envolvem a coroa com uma fita vermelha que lembra o amor de Deus que envolve e foi manifestado pelo nascimento de Jesus.

A cor litúrgica própria do Advento é a cor rósea, cor que expressa a expectativa alegre da vinda do Senhor e nos distingue do tempo roxo, próprio para o Tempo da Quaresma.

Na coroa são colocadas quatro velas referentes a cada domingo que antecede o Natal.

♦ Iniciamos cantando o sinal da cruz e acendemos a primeira vela da coroa do Advento.

(A coroa pode ser confeccionada pelo grupo.)

Canto: *Vem Senhor Jesus, o mundo precisa de ti.*

2. JESUS VERDADE! AJUDA-ME A CONHECER A TUA PALAVRA

♦ Leitura do texto bíblico: Mc 1,1-8.

♦ Podemos narrar as expressões de João Batista desse Evangelho.

♦ O que João anuncia?

O EVANGELHO DE MARCOS FOI ESCRITO POR VOLTA DO ANO 60 d.C. O evangelista Marcos foi o primeiro a registrar os ensinamentos deixados por Jesus. Esse texto é o início do Evangelho. Ele abre o livro com a palavra "começo ou princípio". O início do livro do Gênesis também começa com a mesma expressão (Cf. Gn 1,1). Ao retomá-la, Marcos quer dizer aos seus leitores: há tanto tempo as pessoas esperavam um mundo novo, uma nova criação. Com Jesus, essa nova proposta de viver apareceu: "O tempo já se cumpriu, e o Reino de Deus está próximo" (Mc 1,15).

O Reino de Deus se faz presente no mundo pelo nascimento de Jesus Cristo, a Boa-Nova da alegria que deve ser anunciada a todo o mundo. João Batista é o mensageiro de Deus. É o profeta enviado por Deus para preparar o povo para a vinda do Messias. João recebeu também o nome de "Batista" pelos batismos que realizava. Procurava chamar o povo a acolher o Messias na conversão e na mudança da vida. Vivendo ou chamando o povo ao deserto, João Batista ensinava o povo a reviver a mesma experiência de libertação vivida pelo povo, no deserto, quando saiu do Egito. Dedica-se a orientar o povo para que se deixe conduzir pela proposta de vida do Messias. Escolhendo alimentar-se com "gafanhotos e mel silvestre", João Batista mostra a recusa por tudo o que a sociedade injusta do seu tempo oferecia.

Ao anunciar que Jesus batizará com o Espírito Santo, João indica que o Messias concederá aos que o seguirem a capacidade de discernir o bem e do mal, o caminho de Deus e o caminho da morte.

E nós podemos ficar tranquilos com o mundo de hoje, com a violência, com as guerras, com as injustiças com as causas da migração?

Diante de tantos desafios, somos convidados a ser mensageiros de Deus e convidar as pessoas à conversão. Acolher o Menino que nasce no Natal é escolher o valor da vida que Jesus ensinou. Ele é o Emanuel, o Deus conosco.

3. JESUS CAMINHO! ABRE MEU CORAÇÃO PARA ACOLHER A TUA VONTADE

- O que essa Palavra do Evangelho diz para nós hoje? Quais mudanças nos pede?

- João Batista prepara o povo para acolher o Messias. E nós, como nos preparamos para acolher Jesus?

- O que há de errado no mundo de hoje que é preciso confessar e melhorar? O que podemos fazer?

4. JESUS VIDA! FORTALECE A MINHA VONTADE PARA VIVER A TUA PALAVRA

- Coloquemo-nos em pé ao redor da coroa do Advento e vamos rezar espontaneamente pelas situações mais desafiadoras que estamos vivendo em nossa sociedade.

- Cantemos após três situações apresentadas: Vem, Senhor Jesus, o mundo precisa de ti.

5. COMPROMISSO

- Somos convidados neste período a participar dos grupos de famílias para preparar o Natal.

Concluir com um canto apropriado.

ANOTAÇÕES PESSOAIS

8º ENCONTRO

Jesus Cristo é anunciado e esperado

Objetivo Reconhecer que os profetas são mensageiros de Deus lutando pela dignidade da vida do povo.

1. MOMENTO DE ACOLHIDA E ORAÇÃO

♦ Este encontro contempla a novidade que Deus anuncia à humanidade através de pessoas chamadas profetas. São pessoas que falam por inspiração ou em nome de Deus. Anunciam o bem, a verdade e o que é justo. Não falam por si, mas pela boca de Deus.

♦ Iniciamos nosso encontro acendendo a segunda vela da coroa do advento, que está em nosso meio. Lembremos que Jesus é a Luz para iluminar nossos caminhos. Foi essa luz que é Jesus, que os profetas anunciaram, dizendo: "Uma Luz brilhará nas trevas".

♦ Enquanto acendemos a vela, cantemos: indo e vindo, trevas e luz...

2. JESUS VERDADE! AJUDA-ME A CONHECER A TUA PALAVRA

♦ Leitura do texto bíblico: Is 7,14-17.

♦ Vamos conversar:

- ▸ O que diz essa Palavra que ouvimos?
- ▸ Quais as pessoas e imagens que aparecem?
- ▸ Qual a promessa que Deus faz?
- ▸ Como será chamado o filho que vai nascer?

ESTE TEXTO É DO ANTIGO TESTAMENTO. O POVO DE DEUS ESTAVA vivendo uma situação difícil. O mesmo acontecia no tempo de Jesus. Neste texto aparece o nome de um rei mau: Acaz. Era um rei que fazia o povo sofrer porque realizava guerras e queria trocar a religião do povo por uma religião de magia e com uma imagem de rei como se fosse um "deus" e queria sacrifícios de crianças. É por isso que esse rei não aceita o que o Deus verdadeiro quer para o povo. Esse rei vaidoso e cruel teve que ouvir de Deus uma verdade dura: "Tu estás cansando a Deus e o povo". Deus, então, irá mostrar outro tipo de líder que seja bom para o povo. Esse líder se chamará Emanuel, que quer dizer: "Deus conosco", "Deus está no meio do povo". Ele vai nascer de uma jovem simples.

Antigamente também diziam que, quando uma criança ainda não tinha chegado ao uso da razão, comia coalhada e mel. Quando crescesse, então não comeria mais esses alimentos: isso queria dizer que saberia rejeitar o mal e escolher o bem. Essa criança haveria de crescer e ser uma pessoa boa e não como o rei Acaz que era um homem mau. O Profeta anuncia a vinda desse Emanuel, que, depois, no Novo Testamento, será reconhecido como Jesus, o Filho de Deus, nascido da jovem Maria.

---

3. JESUS CAMINHO! ABRE MEU CORAÇÃO PARA ACOLHER A TUA VONTADE

♦ Vamos refletir sobre o texto:

> ▸ Este texto bíblico do Antigo Testamento nos ajuda a preparar a vinda de Jesus. Como sentimos essa novidade que o profeta Isaías anuncia?
>
> ▸ Como costumamos esperar uma criança que vai nascer?
>
> ▸ Como a mãe, os irmãos, o pai e os amigos preparam a chegada de um filho?
>
> ▸ O que nós, como grupo, podemos fazer para preparar bem a visita que Deus nos faz através de seu Filho Jesus que nasce no Natal?

- Este tempo de espera para a chegada do Menino Jesus se chama Advento, que significa expectativa, espera alegre. Advento é o início do ano litúrgico, Ano da Igreja. Ele antecede o Natal. É um tempo de preparação alegre. O povo cristão, esperando o nascimento de Jesus Cristo, busca o arrependimento do mal cometido e promove a fraternidade.

4. JESUS VIDA! FORTALECE A MINHA VONTADE PARA VIVER A TUA PALAVRA

- Ao redor da coroa do Advento rezemos assim:

Senhor Deus de bondade, agradecemos por ser nosso amigo e que nunca nos abandona. Queremos viver sempre unidos ao teu Filho Jesus, o Emanuel, o Deus conosco. Ajuda-nos a preparar o Natal de Jesus. Que o nosso coração esteja sempre aberto para a vida, para o bem, para a paz. Que nós saibamos fazer muitos gestos de fraternidade, pois Tu estás presente em todas as pessoas, de modo especial, aqueles que nascem nas "manjedouras de hoje". Vem! Senhor Jesus! O mundo precisa de ti! Amém.

5. COMPROMISSO

- Nosso compromisso continua com a participação nos grupos de famílias que se encontram para preparar o Natal.

Concluir com um canto apropriado.

ANOTAÇÕES PESSOAIS

9º ENCONTRO

Maria de Nazaré, escolhida para ser a mãe de Jesus

Objetivo Aprender com Maria a preparar o nascimento de Jesus e despertar atitudes como as de Maria.

1. MOMENTO DE ACOLHIDA E ORAÇÃO

♦ Sejam bem-vindos a este nosso encontro. Nós nos alegramos por estarmos aqui mais uma vez. Somos um grupo de amigos que se querem bem. Vamos nos dar um abraço de acolhida, desejando ao outro um bom encontro. Estamos próximos da celebração do Natal.

♦ Iniciemos com o sinal da cruz.

O PROFETA ISAÍAS ANUNCIOU O NASCIMENTO DE UM "PRÍNCIPE de paz". Uma jovem daria à luz um menino, o Emanuel, que quer dizer Deus conosco. Esta é a grande promessa que animava o Povo de Deus em sua caminhada. Entender melhor essa promessa de salvação é importante para que os cristãos saibam em quem acreditar. Precisamos compreender melhor esse anúncio feito pelos profetas, o qual aconteceu a Jesus de Nazaré, o filho de Maria. Saber quem foi Maria para a história da salvação e entender seu papel nessa história. Ela é a mãe do Salvador. Nossa Senhora, a mãe de Jesus, é presença viva na história da Igreja. Os cristãos a veneram com muito respeito e nela encontram permanente proteção e um exemplo a seguir. Maria de Nazaré nos ensina a ouvir e a seguir seu filho Jesus.

Canto: *Maria de Nazaré.*

2. JESUS VERDADE! AJUDA-ME A CONHECER A TUA PALAVRA

♦ Leitura do texto bíblico: Lc 1,26-38.

(Escolher três pessoas para proclamar a Palavra:
uma faz o narrador, outra o Anjo e a terceira, Maria.)

♦ Após a leitura, cada um lerá, novamente, na sua Bíblia e, recontará o texto em forma de mutirão.

> ▸ Quais são os personagens que aparecem e o que cada um faz?

> ▸ Qual é a atitude de Maria ao escutar o anúncio do anjo?

> ▸ Onde e quando acontece o fato?

> ▸ Qual é a frase ou pensamento central do texto?

Canto: *Maria de Nazaré.*

3. JESUS CAMINHO! ABRE MEU CORAÇÃO PARA ACOLHER A TUA VONTADE

Nós estamos nos aproximando do Natal.

♦ O que essa Palavra nos ensina?

♦ Quais atitudes Deus me pede?

MARIA ERA UMA JOVEM SIMPLES E COM A VIDA COMO TANTAS OUTRAS jovens do lugar. Pertencia a uma família pobre da cidade de Nazaré, na Palestina. Era uma pessoa religiosa, que estudava com sua mãe a Palavra de Deus. Era bondosa, humilde, trabalhadora. Sua preocupação era ajudar os outros. Com a visita do anjo, ficou confusa e sem entender o que ele queria dizer. Colocou-se, porém, inteiramente à disposição de Deus: "Eis, aqui, a serva do Senhor, faça-se em mim a Vontade de Deus" (Lc 1,38). Esta foi a sua resposta ao anjo-mensageiro de Deus. Maria era noiva de José, um carpinteiro, muito trabalhador, carinhoso e corajoso. Ele (mesmo sem entender o que estava acontecendo) soube ser companheiro de Maria e ajudou-a a cuidar de Jesus. Ela foi a Mãe de Jesus porque Deus a escolheu, e ela se dedicou inteiramente em fazer a vontade de Deus. O SIM de Maria significa a fidelidade na fé, na esperança e no amor. Tudo começa em Maria quando ela diz: SIM ao Senhor, mesmo que suas dúvidas a deixem confusa. Para Deus, que lhe pedia que fosse mãe de seu Filho, nada era impossível. Do "faça-se a vossa vontade" dito por Maria, nasceu Jesus e "A Palavra de Deus se fez carne e veio habitar entre nós", conforme nos diz o Evangelho de João 1,14.

Assim como Maria se preparou para receber Jesus no Natal, sendo fiel à vontade de Deus, nós também precisamos nos preparar para que o Natal não passe despercebidamente ou desviado de seu sentido.

Canto: *Maria do sim.*

◆ Vamos lembrar, agora, os nomes com os quais chamamos Maria e escrevê-los em um cartaz.

(Deixar um tempo para que todos manifestem suas formas de chamar Nossa Senhora.)

4. JESUS VIDA! FORTALECE A MINHA VONTADE PARA VIVER A TUA PALAVRA

A **oração do Ângelus** lembra a saudação do anjo à Maria e o seu sim a Deus para ser a Mãe de Jesus. Vamos rezá-la:

O anjo do Senhor anunciou à Maria
E ela concebeu do Espírito Santo.
Eis, aqui, a serva do Senhor.
Faça-se em mim a tua Palavra.
E o verbo divino se fez carne.
E habitou entre nós.
Ave Maria...

Oração: Infundi, Senhor, em nossos corações, a vossa graça para que nós que conhecemos, pela anunciação do anjo, a encarnação de Jesus Cristo vosso Filho, cheguemos, por sua paixão e cruz, à glória da ressurreição, por Cristo Nosso Senhor. Amém.

Nota: *Neste encontro apareceu muitas vezes a palavra anjo: anjo é um mensageiro de Deus que leva boas notícias às pessoas. O anjo que levou a Boa notícia à Maria se chamava Gabriel, existem também os anjos Rafael e Miguel.*

Na Palavra de Deus que lemos hoje está presente a oração da Ave-Maria: a primeira parte lembra a saudação do anjo à Maria. Vamos recordar o que diz a Bíblia: "Ave, cheia de graça, o Senhor é contigo". Logo em seguida, rezamos com as palavras de Isabel que saudou Maria, dizendo: "Bendita és tu entre as mulheres e bendito é o fruto do teu ventre". A segunda parte da Ave-Maria é uma súplica da Igreja pedindo a sua proteção materna.

♦ Vamos rezar essa oração. Cada um reza a primeira parte, e todos respondem: Santa Maria...

5. COMPROMISSO

♦ Rezar em casa todos os dias a oração do Anjo do Senhor.

♦ O anjo foi mensageiro de Deus levando uma Boa notícia à Maria. Ela seria a Mãe de Jesus. Nesta semana, todos nós podemos ser anjos-mensageiros: Pensemos numa Boa notícia para levar a outras pessoas. Qual seria a notícia? Para quem?

Concluir com um canto.

ANOTAÇÕES PESSOAIS

10º ENCONTRO

Jesus é o Deus Conosco

Objetivo Compreender o nascimento de Jesus e o gesto da encarnação.

1. MOMENTO DE ACOLHIDA E ORAÇÃO

◆ O tema do nosso encontro é Jesus, *o Deus conosco.* Ele nasce em Belém. Muitas pessoas não sabem, mas Belém é uma pequena cidade de Judá, a 9km de Jerusalém, onde Jesus nasceu. Nosso Salvador, Jesus, nasceu em Belém ou Bethlehem, que em hebraico significa *"Casa do Pão".* Esse menino que nasce em Belém é o pão da vida, o pão vivo descido do céu.

◆ Vamos acender a vela na coroa do Advento e cantemos: Vem Senhor Jesus, o mundo precisa de ti.

2. JESUS VERDADE! AJUDA-ME A CONHECER A TUA PALAVRA

◆ Leitura do texto bíblico: Lc 2,1-20.

◆ Reler o texto em silêncio.

◆ O que diz o texto: identificar os personagens, os fatos, onde acontecem, as diferentes ações que cada personagem realiza.

◆ Vamos recontar o texto com as próprias palavras.

O TEXTO DO EVANGELHO AJUDA A CELEBRAR A ALEGRIA DO NATAL: Deus que se faz pessoa humana em Jesus. A grandeza de Deus está na humildade, pois enviou seu filho igual a nós. O recenseamento ordenado pelo imperador visava saber quantas pessoas havia no seu império, com o objetivo de controlar o pagamento dos impostos. Assim, podia aumentar a riqueza do império explorando o povo. Jesus nasce fora de casa, em

Belém, confirmando ser o Messias esperado e anunciado pelos profetas. (Mq 5,1). O lugar de nascimento mostra que Deus fez opção pelos fracos e pobres. Os primeiros a receberem a notícia do nascimento do Messias foram os pastores: pessoas pobres e humildes, desprezados e considerados sem valor na sociedade daquele tempo. Sendo simples, acreditaram que aquele Menino era o Messias esperado. E foram também os primeiros anunciadores do seu nascimento: "Ele está no meio de nós".

Hoje acreditamos que Deus caminha conosco? Onde percebemos sua presença? Nos grandes acontecimentos, no poder, na riqueza? Ou, como os pastores, nos fracos, nos pobres e nas pessoas justas? Ele deve encontrar lugar em nosso coração, em nossa família e na sociedade. Naquele tempo, não havia lugar para Jesus nascer nas casas de Belém, por isso nasceu numa estrebaria.

Como devemos ser para ter um lugar para Ele hoje?

Não podemos celebrar a festa do Natal e deixar o aniversariante Jesus fora da sua festa. No Natal, lembremos que o maior presente que Deus nos deu foi o seu filho Jesus. Para recordar este "presente de Deus", muitas pessoas têm o costume de trocar presentes. Este gesto não substitui o presente de amor que devemos ser para os nossos irmãos.

3. JESUS CAMINHO! ABRE MEU CORAÇÃO PARA ACOLHER A TUA VONTADE

Vamos conversar:

- ◆ O que essa Palavra de Deus nos diz ?
- ◆ Existem, hoje, fatos semelhantes, pessoas que nascem sem ter um lugar digno para nascer e viver? Onde nasce a maioria das crianças, hoje?
- ◆ O que a televisão, os jornais e as propagandas mostram nesse tempo de preparação ao Natal? Do que falam?
- ◆ Por que Jesus escolheu nascer entre os pobres?
- ◆ Como os anjos, vamos fazer uma lista de boas notícias que queremos anunciar neste Natal?

4. JESUS VIDA! FORTALECE A MINHA VONTADE PARA VIVER A TUA PALAVRA

- Ao redor da coroa do Advento com a quarta vela acesa que, representando Jesus Cristo, o Príncipe da Paz que está no meio de nós, expressemos nossa oração de forma espontânea.

5. COMPROMISSO

- Nosso compromisso continua com a participação nos grupos de família e na participação da Celebração do Natal na comunidade.

Concluir com um canto natalino.

ANOTAÇÕES PESSOAIS

CELEBRANDO O NATAL EM COMUNIDADE

1. CANTO INICIAL

(Enquanto se acende a vela ou a coroa do Advento)

Oh luz do Senhor que vem sobre a Terra, inunda meu ser permanece em nós.

2. ACOLHIDA

É Natal! A Palavra se faz vida. O Verbo de Deus se fez carne. Ele agora é gente como a gente e é assim que vem habitar no meio de nós. Foi-se embora a escuridão. Chegou a Luz que torna claros todos os caminhos. Ele é o Emanuel, Deus presente no meio de nós. Somos povo eleito que encontra significado e esperança no Menino de Belém. Nosso Deus é criança que nasce em Belém, na casa do pão. Deus vem como criança pobre. Ele escolheu nascer em lugar desconhecido e nasce em meio aos pobres e excluídos daquela sociedade sem berço, mas em manjedoura na qual comiam os animais. Deus vem como criança para ser humano. Sua chegada transforma o calendário na história da humanidade. É uma vinda que nos reúne em comunidade de pessoas que querem segui-lo mais de perto. Ele nos reúne e nos faz gente nova no seu amor. Por isso, como os anjos, queremos cantar:

Todos: Glória a Deus nas alturas e paz na terra aos homens por Ele amados!

Todos: Glória a Deus nas alturas e paz na terra aos homens por Ele amados!

Montando o presépio

Preparar um ambiente acolhedor o propício para fazer a celebração, um lugar onde o presépio possa ser montado a cada passo do roteiro. Escolha entre os participantes e as crianças quem irá participar mais diretamente da celebração, distribuindo algumas cópias da celebração entre eles.

Dirigente 1: Em nome do Pai, do Filho e do Espírito Santo…

(Pode ser cantado.)

É com muita alegria que estamos aqui, reunidos em comunidade, para celebrar o Natal de Jesus Cristo. Tendo como inspiração a simplicidade e a pobreza de uma manjedoura em um estábulo, cenário do Presépio em Belém, iremos neste momento, reviver as alegrias daquela noite esplendorosa em que **José** e **Maria** encontraram ali o único lugar para acolher o Filho de Deus, o tão esperado Rei cheio de glória.

Todos: Queremos nos comprometer com a alegria em nossa comunidade!

(Entram as imagens de Maria e de José.)

Dirigente 2: José e Maria vão à Belém, a procura de um lugar para o Menino-rei nascer. Sempre existe um risco de não reconhecermos a Deus, quando Ele nos visita. Podemos estar cegos, surdos, indiferentes, com o coração fechado. Peçamos ao Espírito Santo, que Ele venha dissipar nesta noite, toda cegueira espiritual, toda surdez e insensibilidade ao amor de Deus manifestado em Jesus.

Todos: Vinde Espírito de amor, fazer morada em nossos lares!

Cantar: A nós descei Divina Luz (2X.)
Em nossas almas acendei o amor, o amor de Jesus.

(Entram os três reis magos e a estrela.)

Dirigente 1: Assim como os reis magos, atraídos pela **Estrela** tiveram um encontro pessoal com o Menino Jesus, nós também podemos desejar que essa "estrela" nos guia até Belém a fim de que, em comunidade, tenhamos uma experiência com a salvação de Jesus.

Todos: Com os reis magos, também queremos ir ao encontro do Rei-menino!

Acolhida da Luz
(Colocar próximo ao presépio uma vela para ser acesa.)

Dirigente 2: "*O povo que andava em trevas viu grande luz, e aos que viviam na região da sombra da morte resplandeceu-lhes a luz* (Is 9,2.)

(Enquanto acende a vela.)

Dirigente 1: Acendendo esta vela, desejo que sua luz ilumine nossa comunidade. Assim, poderemos ver melhor o outro e reconhecer os laços de afeto e sangue que nos unem. O aconchego de uma família unida e feliz vale muito mais do que muitos bens materiais acumulados. A família é o berço onde a criança é alimentada, cuidada e fortalecida. Por isso Jesus Cristo quis nascer numa família. É a partir de cada família que o projeto de Deus se realiza em cada um de nós!

Dirigente 2: A Palavra de Deus se tornou homem em Jesus de Nazaré. Sua mensagem é luz para a nossa vida. Ela nos leva a nos reconhecer como família cristã e nos dá a direção para que sigamos o caminho que Jesus abriu para nós. Aclamemos, portanto, o Santo Evangelho, cantando.

CANTO DE ACLAMAÇÃO: *Vinde, cristãos*.

Leitor: Evangelho de Jesus Cristo Segundo Lc 2,1.3-20.

Dirigente 1: Jesus vem até nós como o sol iluminando e aquece todos os corações, manifestando a glória do Senhor e a grandeza de nosso Deus. Que não haja em nossa alma qualquer espaço escondido e obscuro, fechado à luz que é **Jesus**. Entreguemos a Ele as nossas preocupações, temores, angústias e mágoas para que Ele as transforme em PAZ, AMOR E ESPERANÇA.

Todos: Queremos cultivar a simplicidade e a humildade em nossas relações na comunidade!

As crianças entram com a imagem do Menino Jesus.

CANTO DE ACOLHIDA: *Noite feliz*.

Dirigente 2: Agora com o presépio completo rezemos:

(Papéis distribuídos à parte, cada um ler separadamente em voz alta.)

Leitor 1: Menino-Deus, eis-nos aqui diante de tua manjedoura. Como os reis magos, apresentamos os nossos presentes. Obrigado por ter encarnado para nos salvar.

Leitor 2: Pedimos pelas famílias que hoje se encontram mergulhadas na dor por tantos motivos. Olha para teus filhos, ouve nossa prece.

Leitor 3: Menino Deus, pedimos pelas crianças, que também como Tu, não tens onde nascer.

Leitor 4: Menino Jesus, no teu aniversário, refaz o milagre da distribuição do pão do amor, porque os homens se esquecem que também são capazes de realizar o que Tu ensinastes.

Leitor 5: Príncipe da paz, devolva ao mundo a tua paz. Reavive, Menino, no coração dos homens, a compaixão, o amor e a misericórdia, para que eles cuidem das crianças do mundo. Que sejam alimentadas, não sofram nem chorem.

Leitor 6: Menino Jesus, toma em tuas mãos as crianças. Livra-as da guerra, da fome, da morte antecipada, da morte em vida e da dor que não podem compreender nem deveriam sentir.

Leitor 7: Cuida das mulheres grávidas e daquelas que querem engravidar.

Leitor 8: Que os homens sejam como São José, e as mulheres, como Maria.

Leitor 9: Devolve o sentido de viver àqueles que perderam a felicidade. Coloca no rosto das outras crianças o sorriso, o amor e a segurança. Na boca, coloca a comida e a Tua Palavra.

Leitor 10: Aos que migram concede-lhes vida digna e justa na nova pátria. Menino de Belém, concede-nos o pão de cada dia e a alegria de encontrar-nos contigo hoje e sempre. Amém!

Dirigente: Rezemos em silêncio diante do Menino Deus, agradecendo o dom da vida, a vivência cristã das nossas famílias, a alegria de compartilhar o dom da fé em comunidade, o bem realizado pela humanidade.

(Um casal da comunidade passará a imagem do Menino Jesus para que o reverenciemos e, se quisermos o possamos beijar. Enquanto isso todos cantamos):

CANTO FINAL: *Oração da família* (Pe. Zezinho) ou *Noite feliz e desejar feliz Natal.*

A comunidade pode organizar um momento de confraternização.

ANOTAÇÕES PESSOAIS

11º ENCONTRO

Quaresma, o caminho para a Páscoa

Objetivo Reconhecer qual é o sentido do espírito quaresmal em preparação à Páscoa do Senhor.

1. MOMENTO DE ACOLHIDA E ORAÇÃO

♦ Estamos reunidos em nome do Senhor. É em nome dele que vamos realizar este encontro de irmãos e irmãs. Façamos o sinal da cruz.

Estamos no tempo de quaresma. Vamos conversar:

▸ O que a quaresma significa para nós?

▸ O que sabemos sobre este tempo?

▸ O que a liturgia nos oferece?

COM A CELEBRAÇÃO DA QUARTA-FEIRA DE CINZAS, INICIAMOS O tempo chamado quaresma, tempo extraordinário de conversão e vivência de graça e salvação. Através da oração, do jejum, da prática da caridade, da escuta da Palavra de Deus, da participação dos sacramentos, na vida comunitária e na prática do amor solidário, somos convidados pela Igreja a viver, de maneira intensa, o momento mais importante do ano litúrgico e da história da salvação: a Páscoa. Por isso mesmo, a quaresma nos prepara para esse momento importante. A quaresma pode se considerar, no ano litúrgico, o tempo mais rico de ensinamentos. Lembra o retiro de Moisés, o longo jejum do profeta Elias e do Salvador. Foi instituída como preparação para o Mistério Pascal, que compreende a paixão e morte (Sexta-feira Santa), a sepultura (Sábado Santo) e a ressurreição de Jesus Cristo (Domingo e Oitava da Páscoa).

Canto: *Eis o tempo de conversão.*

2. JESUS VERDADE! AJUDA-ME A CONHECER A TUA PALAVRA

♦ Leitura do texto bíblico: Lc 4,1-13.

♦ Reler o texto em silêncio.

♦ O texto nos conta que... (Um começa e os outros vão complementando.)

♦ Quais são as pessoas que aparecem no texto? Quais imagens?

♦ Qual a expressão, a frase, a atitude que mais chamou nossa atenção? Por quê?

ANTES DE JESUS COMEÇAR A MISSÃO E INSTRUIR O POVO, ELE PASSA pelas tentações! As tentações de Jesus mostram os sonhos enganadores presentes na vida das pessoas! São os modos contraditórios e injustos de viver!

a) O demônio, ao pedir para transformar as pedras em comida, está apontando para as pessoas a tentação do consumismo e o desejo de viver no acúmulo. O cristão é convidado a ter um ideal na vida, ser justo, renunciar à ganância e aprender a partilhar, sem ficar sonhando o mundo só para si. Jesus não aceita esse sonho e ensina que também a Palavra de Deus é para descobrir o valor da vida e viver próximo de Deus.

b) O demônio, ao oferecer os reinos do mundo todo, propõe o prestígio e o poder a qualquer custo. Buscar as riquezas pessoais sem nos preocuparmos com os outros, nos torna pessoas ambiciosas e escravas das coisas, do poder pelo poder. Estar com Jesus e viver o poder como serviço aos outros é a proposta do Evangelho.

c) O terceiro sonho ruim de vida é a vaidade. A vaidade é o menosprezo pelos outros e a busca individualista e narcisista de "aparecer" e sentir-se superior aos outros. O sentimento de superioridade faz a pessoa colocar-se no lugar de Deus. Quem tem vida digna e honesta, ouve Deus e vive na humildade. A vida toda é um processo de superação das tentações, num espírito de conversão e busca da vida nova em Cristo.

3. JESUS CAMINHO! ABRE O MEU CORAÇÃO PARA ACOLHER A TUA VONTADE

♦ O que a Palavra de Deus que ouvimos nos diz? Que ensinamentos ela nos dá?

♦ Jesus foi tentado a falsificar sua missão: Vamos escrever em pedaços de papel:

- Quais são as tentações que hoje fazem os cristãos se afastarem de Deus, da sua Palavra e da sua vontade.
  (*Escrever e colocar no chão em forma de cruz.*)
- Como podemos vencer as diferentes tentações que nos são apresentadas a cada dia da vida?

Atividade de grupo

Formar dois grupos para um debate: Um grupo defende e fala sobre o projeto de Jesus. O outro grupo defende e fala sobre o projeto do demônio. Ao final, analisar qual dos dois oferece vida em plenitude.
(*Realizar a atividade se houver um número considerável de participantes.*)

- Nós apostamos no projeto de Deus ou do diabo?
- Quais são as convicções pelas quais colocamos nossa "mão no fogo"? Por que não é fácil seguir o caminho de Jesus?
- Para Jesus, a vida das pessoas e a justiça estavam em primeiro lugar. Que caminhos nós trilhamos?

4. JESUS VIDA! FORTALECE A MINHA VONTADE PARA VIVER A TUA PALAVRA

- Fiquemos em silêncio diante da Cruz e da Palavra. Façamos nossa oração pessoal a Deus. (Deixar um tempo de silêncio e oração pessoal.)
- Com as palavras do canto, coloquemo-nos em uma atitude de quem acolhe o amor, a misericórdia e o projeto de Deus-Pai que quer a vida plena para todos.

Canto: *Senhor, eis aqui o teu povo, que vem implorar teu perdão.*
(Ou outro da Campanha da Fraternidade do ano.)

- A cruz irá passar de mão em mão. Cada um faça um gesto. Pode beijar a cruz ou conforme o coração inspirar.

Canto: *Vitória, Tu reinarás ó cruz, Tu nos salvarás.*

5. COMPROMISSO

- Somos convidados a participar dos encontros de família de nossa comunidade em preparação para a Páscoa.

ANOTAÇÕES PESSOAIS

TEXTO COMPLEMENTAR

QUARTA-FEIRA DE CINZAS DÁ INÍCIO À QUARESMA

A Quarta-feira de Cinzas foi instituída há muito tempo na Igreja como o dia que marca o início da quaresma, tempo de penitência e oração mais intensa. Para os antigos judeus, sentar-se sobre as cinzas significava arrependimento dos pecados e volta para Deus. As cinzas bentas e colocadas sobre as nossas cabeças nos fazem lembrar que vamos morrer, que somos pó e ao pó da terra voltaremos (cf. Gn 3,19), para que nosso corpo seja refeito por Deus de maneira gloriosa, para não mais perecer.

A intenção do sacramental de receber as cinzas é levar-nos ao processo de conversão, marcando o início da quaresma. A Quarta-feira de Cinzas representa o primeiro dia da quaresma no calendário gregoriano, podendo também ser designada por Dia das Cinzas.

A data é um símbolo do dever da conversão e da mudança de vida, para recordar a passageira fragilidade da vida humana, sujeita à morte. Coincide com o dia seguinte à Terça-feira de Carnaval e é o primeiro dos 40 dias (quaresma) entre essa Terça-feira e a Sexta-feira (Santa) anterior ao domingo de Páscoa.

A origem deste nome é puramente religiosa. Neste dia, é celebrada a tradicional missa das cinzas. As cinzas utilizadas neste ritual provêm da queima dos ramos abençoados no Domingo de Ramos do ano anterior. A estas cinzas mistura-se água benta. De acordo com a tradição, o celebrante desta cerimônia utiliza essas cinzas úmidas para sinalizar uma cruz na fronte de cada fiel, proferindo a frase: "Lembra-te que és pó e que ao pó voltarás" ou a frase: "Convertei-vos e crede no Evangelho".

Na Quarta-feira de Cinzas (e na Sexta-feira Santa) a Igreja Católica aconselha os fiéis a fazerem jejum. Esta tradição já existe há muitos anos e tem como propósito fazer com que os fiéis tomem parte do sacrifício de Jesus. Assim como Jesus se sacrificou na cruz, aquele que crê também pode fazer um sacrifício, abstendo-se de gozar de seus gostos.

Na Bíblia, o número quarenta é frequentemente citado, para representar períodos de 40 dias ou 40 anos, que antecedem ou marcaram fatos importantes. Alguns exemplos mais conhecidos são:

- Quarenta dias de dilúvio da Arca de Noé.
- Os dias de Moisés no monte Sinai.
- Quarenta dias de Jesus no deserto antes de seu ministério.
- Quarenta anos de peregrinação do povo de Israel no deserto.

Cerca de duzentos anos após o nascimento de Cristo, os cristãos começaram a preparar a festa da Páscoa com três dias de oração, meditação e jejum. Por volta do ano 350, a Igreja aumentou o tempo de preparação para quarenta dias e foi assim que surgiu a quaresma.

Segundo a Carta Apostólica do Papa Paulo VI, a quaresma tem seu início na Quarta-feira de Cinzas e termina antes da Missa Lava-pés, na Quinta-feira Santa. Durante a quaresma a Igreja veste seus ministros com vestimentas de cor roxa, que simboliza tempo de conversão.

ANOTAÇÕES PESSOAIS

12º ENCONTRO

A minha comunidade:
Lugar de viver e celebrar a fé

Objetivo Analisar a diferença e sentido entre a fé vivida para si, intimista, e a fé partilhada na vida em comunidade.

1. MOMENTO DE ACOLHIDA E ORAÇÃO

- O que conhecemos sobre nossa comunidade?
- Quais são os fatos importantes que recordamos e nos falam da vida em comunidade?

O grande ideal que Jesus Cristo nos apresenta é de sermos irmãos uns dos outros. O desejo de construir a fraternidade entre as pessoas, povos, raças e religião é constante no Evangelho. Só aprendemos a fraternidade ao socializar os espaços e multiplicar as oportunidades de participação das pessoas. A comunidade é a expressão desta vontade de sermos um mundo mais irmão. Como seguidores de Jesus não podemos nos isolar. Junto com os outros, na Comunidade-Igreja, crescemos na fé, no conhecimento de Jesus Cristo e do Evangelho.

- Lembremos todas as pessoas que fazem parte de nossa comunidade e rezemos juntos o Pai-Nosso.

Canto: *Sugere-se cantar uma música relacionada ao tema da comunidade.*

Estamos vivendo uma etapa da história marcada e influenciada pela ideologia do individualismo, da competição e da concorrência. Quando não temos relações de confiança, sentimo-nos inseguros e com medo. Ser cristão é pertencer à comunidade. Não existe cristão sem comunidade. Comunidade é o lugar onde celebramos em torno da mesma mesa e nos alimentamos do mesmo pão. Ser cristão é ser especialista em comunidade. É estabelecer laços de reciprocidade, de diálogo, de perdão.

É o lugar onde colaboramos, aprendemos e expressamos a nossa fé em Jesus Cristo e na construção de um mundo mais irmão. Não rivalizamos, antes nos complementamos.

2. JESUS VERDADE! AJUDA-ME A CONHECER A TUA PALAVRA

- ◆ Leitura do texto bíblico: Ef 4,1-11.
- ◆ Reler a Palavra de Deus e destacar as frases mais importantes.
- ◆ Vamos contar o que o texto diz.

NO PLANO DE DEUS, CADA PESSOA RECEBE UMA VOCAÇÃO E UMA missão. Como discípulos, todos nós somos convidados a seguir Jesus. Com os dons que recebemos de Deus, encontramos o sentido de fazer o bem a todos. Cada um vive a sua missão em união com Cristo, colocando seus dons a serviço. Na diversidade dos dons, cada pessoa tem suas particularidades. Esta diversidade produz a riqueza de vida numa comunidade. É o espírito de comunidade e de serviço que une os dons no mesmo projeto de Deus. A diversidade de dons não pode ser motivo de desunião, mas sinal da presença de Deus que chama diferentes pessoas para continuarem seu projeto de amor servindo ao próximo, à comunidade, à sociedade e à natureza.

A vocação ao discipulado missionário é convocação à comunhão em sua Igreja. Não há discipulado sem comunhão (DAp, *n. 156.*) Neste sentido, nos orienta a Igreja no Brasil: "Nutrida pela Palavra e pela Eucaristia, a Igreja é a 'casa e escola de comunhão', 'onde os discípulos compartilham a mesma fé, esperança e amor a serviço da missão evangelizadora'. Ela constitui uma unidade orgânica formada por uma diversidade de carismas, ministérios e serviços, todos eles colaborando para o único Corpo de Cristo. Cada batizado é portador de dons que deverão ser desenvolvidos em comunhão com os demais em vista da irradiação missionária da comunidade eclesial" (DGAE, 2008-2010, n. 50).

3. JESUS CAMINHO! ABRE MEU CORAÇÃO PARA ACOLHER A TUA VONTADE

- O que esta Palavra de Deus nos diz? Que lição nos oferece? Que convite nos faz?

- Como está a nossa participação na comunidade? Como a nossa família participa?

- Valorizamos os momentos celebrados na comunidade?

- Apreciamos os encontros em nossa comunidade?

4. JESUS VIDA! FORTALECE A MINHA VONTADE PARA VIVER A TUA PALAVRA

- Rezar junto o Salmo da Bíblia 133.

  "Vejam como é bom, como é agradável os irmãos viverem juntos".

- Cada um, no silêncio, faça sua oração a Deus.

Canto: *Relacionado com o tema da comunidade.*

5. COMPROMISSO

Procure conhecer melhor as atividades da comunidade e analisar quais as contribuições que pode oferecer a ela, participando ou contribuindo em ações de alguma pastoral.

ANOTAÇÕES PESSOAIS

13º ENCONTRO

Os sacramentos, sinais da vida de Deus na comunidade

Objetivo Conhecer a importância dos sacramentos da vida cristã.

1. MOMENTO DE ACOLHIDA E ORAÇÃO

♦ Conversaremos neste encontro sobre os sacramentos na Igreja.

♦ Para iniciar façamos o sinal da cruz e rezemos a oração do Glória.

Canto: *Eu te peço desta água* (Pe. Zezinho).

(Disponibilizar a letra ou ouvir.)

UM CAMINHO CERTO QUE LEVA À VERDADEIRA FELICIDADE É A participação nos sacramentos. Por meio deles, entramos na intimidade de Deus e encontramos sentido para a nossa vida diária. Os sacramentos, realizados na comunidade, são sinais da presença de Deus entre nós. A palavra sacramento significa sinal. Sinal do amor que Deus tem por todos nós. Ele nos criou à sua imagem e semelhança. Mas nós, por vezes, esquecemos-nos desse amor e somos infiéis às suas provas de amor. Deus não cansa de inventar modos para conquistar o coração das pessoas. O grande sinal do Pai realizou-se em Jesus Cristo. Por sua vez, Jesus Cristo revela o amor do Pai e nos ensina a amar como Ele amou. Hoje a Igreja continua fazendo o que Jesus fez. Antes de voltar para junto de Deus, deu aos apóstolos o poder, dizendo: "Vão e façam com que todos os povos se tornem meus discípulos, batizando-os em nome do Pai e do Filho e do Espírito Santo. Eu estarei com vocês, todos os dias, até o fim do mundo"(Mt 28,19-20). Os sacramentos são a presença de Deus na vida de cada um e no Povo de Deus. São os sacramentos na vida da gente e a vida da gente nos sacramentos.

Oração

Jesus, nós te agradecemos/ porque Tu és o sacramento do amor de Deus-Pai para nós./ Ajuda-nos a sermos fiéis e perseverantes./ Ensina-nos a amar do jeito que Tu amaste,/ sem fazer distinção entre as pessoas./ Jesus, queremos sentir, em nossa vida,/ a tua presença que nos acolhe e nos ama. Amém!

2. JESUS VERDADE! AJUDA-ME A CONHECER A TUA PALAVRA

- ◆ Leitura do texto bíblico: 1Cor 12,4-11.
- ◆ Vamos identificar alguns dons que o Espírito Santo concede às pessoas.
- ◆ Você conhece alguma pessoa da comunidade que tem esses dons? Quais são eles?
- ◆ Quais são os personagens que estão nesse texto?
- ◆ Para que servem os dons que recebemos?

CRISTO, SACRAMENTO DO PAI, CONGREGA A HUMANIDADE NO AMOR. Os sacramentos cristãos nos identificam como família de Deus e nos enviam em missão a serviço do Reino de Deus. Os sinais de Deus revelam quanto amor Ele tem por nós e mostram o quanto estamos caminhando com Cristo, o Bom Pastor. Cada um de nós recebe de Deus carismas, dons e capacidades. Primeiramente, devemos conhecer ou reconhecer o que Deus colocou em nós, não para ter ciúmes dos que faltam, mas para exercitar aquilo que temos; segundo, precisamos saber os limites, não para queixar-se, mas para clarear nossas condições de discípulos missionários; terceiro, é necessário permitir que a graça de Deus gere seus planos salvíficos, colaborando com o Reino de Deus, dizendo SIM como Jesus e Maria. Tudo provém da Santíssima Trindade: O Espírito nos dá os dons; O Senhor Jesus concede os ministérios; O Pai promove a ação; tudo deve voltar à Santíssima Trindade. Os dons da sabedoria, da ciência, da fé, o dom das curas, de fazer milagres, da profecia, do discernimento, de falar em línguas e interpretá-las devem estar a serviço das pessoas, da comunidade cristã, do mundo e da salvação do planeta. O Espírito nos ensina a lavar os pés uns dos outros, promovendo a caridade e a unidade.

Os sinais possibilitam conhecer ou reconhecer o que está por traz dele. Essa é uma das missões da nossa fé: descobrir os diversos sinais que falam de Deus no mundo, da sua presença nas pessoas, na vida comunitária e nos momentos importantes da nossa vida.

a. A criação é o primeiro sinal, através do qual Deus se revelou aos homens e onde Ele marca sua presença de amor. A imagem principal na qual Deus se manifesta é a criação do homem, "criado à imagem e semelhança de Deus" (Gn 1,26s.).

b. O sinal da cruz: é um gesto cristão que se faz com a mão direita aberta, traçado em forma de cruz, na testa, nos ombros e no peito, pronunciando as palavras: Em nome do Pai, do Filho e do Espírito Santo. Esse sinal, que costumamos fazer quando iniciamos encontros de catequese, participamos de celebrações, de reuniões dos católicos, antes e depois das refeições, antes de levantar e ao deitar à noite, é sinal da Trindade que habita em cada um de nós.

c. Os sacramentos que recebemos são os sinais da presença de Deus Pai, Deus Filho e Deus Espírito Santo na vida do cristão. Com eles, recebemos a graça de Deus, da fé para fortalecer a vida e perseverar no bem, caminhando na compaixão.

O Batismo é o primeiro sacramento que recebemos. Por esse sacramento começamos a fazer parte da Igreja. Ao nascer, a pessoa recebe a vocação humana; no Batismo, recebe a vocação de ser cristã, seguidora de Jesus, discípula e missionária. No Batismo, usamos os seguintes sinais: água, vela, óleo e uma veste branca. A Confirmação ou Crisma: É o sacramento que torna visível o dom do Espírito Santo. É também o sacramento da comunhão com toda a Igreja. Com ele toda a Igreja cresce na comunhão e se santifica. O sinal desse sacramento é o óleo do Crisma, consagrado pelo bispo na Quinta-feira da Paixão.

A Eucaristia é o alimento do povo que caminha sob as luzes do Espírito Santo. A palavra EUCARISTIA quer dizer ação de graças. É dizer "muito obrigado!" É o agradecimento que a Igreja, a comunidade cristã, dirige a Deus, pois Jesus se tornou para nós alimento de vida eterna. Os sinais do Sacramento da Eucaristia são o pão e o vinho, fruto da terra e do trabalho das pessoas.

O Sacramento da Reconciliação ou Confissão foi criado pelo próprio Jesus. Ele confiou à Igreja, nascida do Espírito Santo, o encargo de perdoar ou não os pecados da humanidade. Ele disse a Pedro, o chefe dos apóstolos: "Eu lhe darei as chaves do Reino do Céu. O que você ligar na Terra será ligado no Céu, e o que você desligar na Terra será desligado no Céu" (Mt 16,19). O sinal desse sacramento, após o exame de consciência e a acusação dos pecados é a absolvição = perdão dos pecados. O padre pronuncia as seguintes palavras: "Eu te absolvo dos teus pecados, em nome do Pai, do Filho e do Espírito Santo."

O Sacramento da Unção dos Enfermos é um dos sete sacramentos instituídos por Jesus Cristo. É um rito cristão que consiste em ungir os **enfermos** com um óleo sagrado. Na Igreja Católica, o ritual é também denominado "Santa Unção" ou "Último sacramento". A Unção dos Enfermos tem o objetivo de confortar o doente, perdoar os seus pecados e transmitir um sentimento de alívio espiritual e físico. O sacramento da Unção deve ser administrado por um sacerdote que pronuncia palavras de conforto enquanto unge o enfermo.

O Sacramento da Ordem é a ordenação do padre. O padre é chamado para servir ao Reino de Deus; abandona tudo para seguir o seu Senhor, o Bom Pastor. O sinal dessa entrega total é o celibato (= deixar de formar uma família), dom do próprio Cristo, sinal de uma generosa, livre e dedicada vida ao serviço das pessoas. A missão do padre é evangelizar. Animado pelo testemunho de Jesus, não cala diante das injustiças e das ameaças contra a vida, sobretudo dos pobres e indefesos. O sinal desse sacramento é o óleo. O bispo unge as mãos como sinal de consagração e de escolha.

O Sacramento do Matrimônio é o sacramento da comunhão. O gesto de uma mulher e de um homem se doarem no amor e formarem família é sinal de Deus para com a humanidade. Um dos temas centrais da Bíblia é o da ALIANÇA, ou seja, o contrato de amor que Deus quis assinar com um povo, e, com a inteira humanidade, através de Jesus Cristo. O sinal do amor mútuo entre marido e mulher é o das alianças. A aliança que usam na mão é sinal de fidelidade e de pertença um ao outro. O casal que é fiel a seu compromisso assumido, está sendo fiel ao Criador.

O Catecismo nos diz que a celebração de cada um dos sete sacramentos é cheia de símbolos. Este é o modo como Deus se comunica conosco, desde o Antigo Testamento. Assim, por meio dos símbolos, ligados à nossa vida e à nossa cultura, podemos nos comunicar com Deus. Ele utiliza desses meios bem humanos para nos dar a sua graça (CIgC, n.1,145.)

Como os documentos definem os sacramentos?

Os sacramentos são sinais e ritos que Cristo quis entregar à sua Igreja, para, por meio deles, nos dar a graça divina de que necessitamos. Os sacramentos produzem frutos nos cristãos que os celebram com a devida preparação, conforme a Igreja orienta. (ClgC, n.1,131.)

3. JESUS CAMINHO! ABRE MEU CORAÇÃO PARA ACOLHER A TUA VONTADE

♦ Vamos conversar:

- ▸ Sobre os serviços que as pessoas realizam na comunidade.
- ▸ Sobre os dons que você e seus colegas receberam de Deus.
- ▸ O que diz para mim esse texto bíblico e toda a realidade dos sacramentos?
- ▸ Como posso servir na comunidade?

4. JESUS VIDA! FORTALECE A MINHA VONTADE PARA VIVER A TUA PALAVRA

Canto: *Um dia escutei teu chamado.* (Disponibilizar a letra do canto.)

Para cada momento importante da vida, Jesus quis abençoar e santificar com a força e a graça de um sacramento. Vamos recordar os momentos importantes da vida: do nascimento à adolescência com os sacramentos de iniciação cristã: Batismo, Eucaristia e Crisma; na juventude: Matrimônio, Sacerdócio; Confissão, sempre; e na doença, no sofrimento, na dor física: Unção dos Enfermos. Hoje estamos aqui para a preparação na Iniciação Cristã de adultos nesse mesmo espírito.

♦ Rezemos uma Ave-Maria para que cada pessoa seja fiel à vocação e ao convite de Deus para segui-lo.

♦ Para quem mais vamos rezar?

5. COMPROMISSO

♦ Como vamos nos preparar para receber os sacramentos da Iniciação à Vida Cristã?

♦ Concluímos o nosso encontro rezando o Pai-Nosso de mãos dadas.

ANOTAÇÕES PESSOAIS

14º ENCONTRO

A vida nova do cristão pelo Batismo

Objetivo Preparar o próprio batismo como passo de adesão ao projeto de vida cristã.

1. MOMENTO DE ACOLHIDA E ORAÇÃO

◆ Iniciamos o encontro com o sinal que lembra o batismo cristão, dizendo: Em nome do Pai...

Canto: *Agora é tempo de ser Igreja.*

◆ O que sabemos sobre o batismo?

O BATISMO É O FUNDAMENTO DE TODA A VIDA CRISTÃ. É O NASCIMENTO para a vida da comunidade. Como a criança que nasce depende dos pais para viver, também o ser humano depende da vida que Deus lhe oferece. No Batismo, a Igreja reunida celebra a experiência da dependência dos filhos de Deus. Por meio desse sacramento, participamos da vida de Cristo. Jesus Cristo é o grande sinal de que Deus cuida de nós.

O **Batismo** é o primeiro dos sete sacramentos. O batizado inicia a sua fé e sua vida cristã, tornando-se um filho de Deus, um discípulo de Cristo, um membro da **Igreja** e abrindo seu caminho para a salvação.

Batizar é mergulhar na água. Tem origem no próprio Jesus Cristo que deu o exemplo e enviou seus discípulos para evangelizar os povos e batizá--los em nome do Pai e do Filho e do Espírito Santo. Pelo batismo a pessoa faz parte da família de Deus, é acolhida na comunidade dos seguidores de Jesus Cristo e nela aprende a amar e a conhecer Jesus.

2. JESUS VERDADE! AJUDA-ME A CONHECER A TUA PALAVRA

- ♦ Leitura do texto bíblico: Mt 28,16-20.
- ♦ Vamos conversar:
  - ▸ Sobre as pessoas que aparecem no texto.
  - ▸ Quais imagens, gestos e palavras identificamos.
  - ▸ Quais expressões, frases ou palavras destacamos.

Mesmo depois de Jesus ter ressuscitado e de ter se apresentado vivo e glorificado diante dos seus discípulos, alguns deles ainda duvidaram. Isto, porém, não abalou a Jesus, pois Ele conhecia a sua fraqueza, mas sabia também que eles tinham um coração adorador e eram confiantes na sua Palavra. Por isso, Jesus falou com autoridade para que eles continuassem aqui na terra a missão de formar discípulos dele e batizá-los no nome do Pai, do Filho e do Espírito Santo. Este mandato é também para nós, hoje, herdeiros de Deus e discípulos de Jesus Cristo. Assim sendo, precisamos também assumir a Palavra do Evangelho com coragem e ousadia quando Ele diz: "ide e fazei discípulos meus todos os povos, batizando-os em nome do Pai e do Filho e do Espírito Santo" (Mt 28,19). Esta palavra de Jesus confirma a nossa missão de missionários do Reino e também que somos enviados pela Santíssima Trindade, primeira comunidade, modelo de Unidade no Amor. A nossa missão é observar tudo o que Jesus nos ordenou e assim ensinar a todos aqueles(as) a quem nós encontrarmos.

- ♦ Vamos refletir:
  - ▸ Você tem cumprido com o mandato de Jesus?
  - ▸ Para você o que significa ser discípulo de Jesus?
  - ▸ Qual o significado tem para você os dizeres antes de iniciar uma oração: Em nome do Pai, do Filho e do Espírito Santo?
  - ▸ Você tem consciência do que é dizer ou fazer alguma coisa em nome da Trindade?

Canto: *Ide anunciar...*

3. JESUS CAMINHO! JESUS, ABRE MEU CORAÇÃO PARA ACOLHER A TUA VONTADE

♦ Como estamos nos preparando para receber o Sacramento do Batismo?

♦ Para ajudar a entender melhor o sentido do batismo, assistir o vídeo: Batismo, um mergulho no Amor de Deus
(Disponível em: www.youtube.com.br).

♦ O que podemos dizer sobre o vídeo?

♦ O que é proposto para os pais e padrinhos? E para você?

4. JESUS VIDA! FORTALECE A MINHA VONTADE PARA VIVER A TUA PALAVRA

♦ Façamos nossa oração espontânea ao redor de uma bacia com água e dos outros símbolos do batismo, dando o sentido de cada um deles.

♦ Após cada oração cantemos: Creio Senhor, mas aumentai minha fé.

5. COMPROMISSO

♦ Vamos organizar o grupo para realizar a celebração do nosso Batismo na noite da Vigília Pascal.

▸ A equipe da Pastoral do Batismo ajudará os catequizandos para explicar os gestos e símbolos usados no Batismo (água, óleo, luz, veste branca) e no rito da celebração.

ANOTAÇÕES PESSOAIS

15º ENCONTRO

Domingo da Paixão: Jesus em Jerusalém

Objetivo Compreender o verdadeiro sentido da celebração de ramos como preparação à Semana Santa.

1. MOMENTO DE ACOLHIDA E ORAÇÃO

♦ Estamos reunidos como irmãos. O encontro de hoje nos conduz para caminharmos com o Senhor da Cruz até a ressurreição. Ajuda-nos a viver os momentos fortes da entrega de Jesus que doa a vida por amor. Hoje, saudamos com Hosana ao Filho de Davi, "aquele que vem em nome do Senhor" (Lc 13,35.)

Canto: *Junto como irmãos.*

2. JESUS VERDADE! AJUDA-ME A CONHECER A TUA PALAVRA

♦ Leitura do texto bíblico: Mt 21,1-11.

♦ Vamos reler o texto, individualmente, com atenção.

♦ Quem aparece no texto?

♦ Para onde estão se dirigindo?

O TEXTO DESCREVE O TRAJETO DE JESUS E SEUS DISCÍPULOS QUE iam da Betânia para Jerusalém, a grande capital e centro de toda a vida política e econômica do país. Próximos ao monte das Oliveiras a caminhada termina com sua triunfal chegada, onde foi recebido com festas, com tapetes e ramos espalhados pelas ruas. O povo estava maravilhado com Jesus, porque Ele realizava muitos milagres. Foi, então, recebido com gritos de alegria, com esperança, sinal do resgate da vida e da liberdade, contra a escravidão política, econômica e religiosa daquele tempo. Jesus entrou em Jerusalém montado num jumentinho. Trata-se do jegue, animal que é muito usado no nordeste brasileiro. Jesus é Rei manso, humilde e pacífico. Também é Rei forte e firme, porque faz justiça devolvendo vida aos excluídos, humildes e necessitados. O povo o reconhece como seu Rei e seu Salvador. Por isso, estendem seus ramos e seus mantos à sua passagem. Gritavam "Hosana! O Filho de Davi, Bendito o que vem em nome do Senhor, Hosana nas alturas" (Mt 21,9). Hosana significa: Dá-nos a salvação. O povo clamava por justiça. Hoje a nossa sociedade também grita por justiça e misericórdia.

E o que é a glória do Senhor? É sem dúvida nenhuma a Cruz sobre a qual Cristo foi glorificado, Ele, o esplendor da glória do Pai. Ele mesmo o dissera, ao aproximar-se a sua Paixão: "Agora foi glorificado o Filho do Homem e Deus foi glorificado" (Jo 13,31). A glória de que aqui se fala é a sua subida à Cruz. Sim, a Cruz é a glória de Cristo e a sua exaltação. Bendito o que vem em nome do Senhor *quer dizer que a nossa alegria é grande, porque de agora em diante não estamos desamparados no mundo, mas temos a proteção de Cristo que vem em nome do Senhor. Dizer "Bendito o que vem em nome do Senhor" é a aclamação do mistério da nossa fé e é o desejo de sermos fiéis discípulos missionários pela causa da justiça. Aclamar a Jesus como rei e como bendito é abraçar a sua causa, promover a vida e clamar em alta voz por vida plena e em abundância.*

O significado da celebração do Domingo da Paixão do Senhor está resumido na afirmação: Existem dois projetos no mundo. O projeto da força, da guerra, do domínio, da exclusão que privilegia a alguns e deixa a maioria na pobreza. O projeto da humildade, do serviço fraterno, da solidariedade que busca o bem comum. Podemos escolher: seguir Jesus ou deixá-lo de lado.

Para realizar o mistério de sua morte e ressurreição, Cristo entrou em Jerusalém, sua cidade. Celebrando com fé e piedade a memória desta entrada, sigamos os passos de nosso Salvador para que, associados pela graça à sua cruz, participemos também de sua ressurreição e de sua vida conclui o texto do Missal Romano. O Catecismo da Igreja Católica n. 559 afirma:

"O 'Rei da Glória' (Sl 24,7-10) entra em sua cidade 'montado em um jumento' (Zc 9,9): não conquista a Filha de Sião, figura da sua Igreja, pela astúcia nem pela violência, mas pela humildade que dá testemunho da Verdade. Por isso, os súditos de seu Reino, nesse dia, são as crianças e os 'pobres de Deus', que o aclamam como os anjos o anunciaram aos pastores".

3. JESUS CAMINHO! ABRE O MEU CORAÇÃO PARA ACOLHER A TUA VONTADE

- ◆ Vamos confrontar esta Palavra de Deus com a nossa vida, com a realidade que nos cerca e perceber o que ela diz para nós.
- ◆ O povo aclamava Jesus como rei. Qual é a imagem de rei do povo daquele tempo?
- ◆ Qual é a imagem de Rei que Jesus veio mostrar?
- ◆ Quem é aclamado no mundo de hoje, na nossa igreja e em nossa comunidade?

4. JESUS VIDA! FORTALECE A MINHA VONTADE PARA VIVER A TUA PALAVRA

- ◆ Rezemos em silêncio diante da palavra que ouvimos e partilhamos.
- ◆ Qual oração nós dirigimos a Deus?
- ◆ Fazer preces espontâneas e após cada prece responder: "Bendito o que vem em nome do Senhor".

5. COMPROMISSO

- ◆ Nesta Semana Santa, vamos seguir os passos de Jesus na celebração do Domingo de Ramos e das celebrações do Tríduo Pascal: Quinta-feira Santa, a Celebração da Ceia onde receberemos o Mandamento do Amor, na Sexta-feira Santa, a Celebração da Cruz, e no sábado a grande celebração da Vigília Pascal, momento em que seremos batizados
- ◆ Organizar cada um dos momentos de participação.

Canto: *Vitória, Tu nos salvarás?*

ANOTAÇÕES PESSOAIS

CELEBRAÇÃO DA ENTREGA DO MANDAMENTO DO AMOR

Entregar a proposta de Jesus Cristo para viver intensamente o mandamento do amor.

Passos:

♦ Celebração alusiva à Quinta-feira Santa.

♦ Entrega após o gesto do Lava-pés realizado na Comunidade.

RITO DE ENTREGA

Animador: Jesus resumiu os Dez Mandamentos em um só – o Mandamento do Amor. Ficou assim: "… amem o Senhor, seu Deus, com todo o seu coração, com toda a sua alma, com toda a sua força e com toda a sua mente; e ao próximo como a si mesmo" (Lc 10,26b). Esse é o mandamento do Senhor que resume toda a Lei de Deus. Quem ama realiza a Lei de forma perfeita.

Catequista: Queridos catequizandos aproximem-se do altar para receber o Mandamento do Amor de mãos abertas no peito em sinal de acolhida daquilo que o Senhor irá lhes transmitir.

Presidente: Entrego-lhes o Mandamento do Amor. Diz o Senhor: "Ame ao Senhor teu Deus com todo o teu coração, com toda a tua alma e com todo o teu entendimento – esse é o maior e o primeiro mandamento!"(Lc 10,26b)

Catequizandos: Queremos amar a Deus em toda a nossa vida.

Presidente: "Amem ao seu próximo como a si mesmo!".

Catequizandos: Queremos amar e colocar o nosso próximo como prioridade em nossa vida.

Presidente: Diz o Senhor: "Eu vos dou um novo mandamento: amem-se uns aos outros. Assim como eu amei vocês, vocês devem amar-se uns aos outros. Se vocês tiverem amor uns pelos outros, todos reconhecerão que são meus discípulos" (Lc 10,26b.)

Catequizandos: Queremos ser discípulos missionários de Jesus Cristo para que nele nossos povos tenham vida.

Canto: *Eu vos dou um novo mandamento...*

(Após receber o cartão com o Mandamento do Amor, os catequizandos, voltados para a assembleia, farão a leitura do mesmo. De mãos estendidas, o sacerdote e toda a comunidade invocarão a bênção do Senhor.)

Presidente: Deus Pai todo-poderoso vos conceda o amor e a alegria a vocês catequizandos e suas famílias, vos assistam benignamente na prosperidade e na adversidade para viver sempre no amor e derrame o seu amor divino em vossos corações.

Segue a celebração eucarística.

16º ENCONTRO

O domingo: A Páscoa semanal dos cristãos

Objetivo Entender o sentido da celebração na dimensão comunitária e transformadora.

1. MOMENTO DE ACOLHIDA E ORAÇÃO

O assunto do nosso encontro é muito importante para todos nós. Vamos entender melhor o que significa o domingo para nós cristãos. Como nasceu? Quando? Para quê?

Para conversar:

- O que sabemos sobre o domingo?
- O que fazemos no domingo?
- Qual nossa maior preocupação no domingo?

Acendemos o Círio Pascal enquanto cantamos: O sol nasceu, é novo dia, Bendito seja Deus, quanta alegria (Repetir várias vezes.)

Catequista: A graça e a paz de Deus nosso Pai, de Jesus Cristo nosso irmão e do Espírito Santo esteja em cada um de vocês.

Todos: Bendito seja Deus que nos reuniu no amor de Cristo.

O DOMINGO CRISTÃO É A CELEBRAÇÃO SEMANAL DA PÁSCOA DE Cristo. É o primeiro dia da semana, é o dia do Senhor. É o dia da festa principal dos cristãos, memória de Cristo ressuscitado. É o dia da criação renovada e por isso, dia do repouso e da convivência. É o dia em que a família de Deus se reúne para escutar a Palavra e partilhar a Eucaristia. O domingo é o dia de acolher a vida nova para caminhar e seguir Jesus Cristo ressuscitado.

Na história dos cristãos, o domingo ficou fixado como memória do dia da ressurreição. Ressurreição significa que Ele está vivo porque os cristãos o têm na sua vida e vivem como Ele! Cada domingo, como dia do ressuscitado, é o dia de celebrar essa nova vida nos cristãos. Renovamos a Aliança com Cristo e com a Igreja. No domingo somos convidados a participar da mesa da Palavra e da Eucaristia que nos reúne na comunidade. Por isso, o domingo, dia do Senhor, é o dia da festa da vida nova à luz de Cristo ressuscitado.

A Palavra de Deus nos ensina que Jesus está no caminho alimentando-nos com a Palavra e com o Pão da Vida e nos envia a anunciarmos que após a sua morte: Ele ressuscitou e está vivo entre nós. A Igreja é o Povo de Deus. Com ela, Jesus fez a Nova e Eterna Aliança no seu Sangue. A palavra Igreja significa Assembleia. É um povo reunido na fé, no amor e na esperança pelo chamado de Jesus Cristo. Por isso, embora seja muito importante a oração individual ou em casa ela não tem o mesmo valor da celebração feita em comunidade.

2. JESUS VERDADE! AJUDA-ME A CONHECER A TUA PALAVRA

- ◆ Leitura do texto bíblico: 1Cor 12,12-31.
- ◆ Realizar a leitura individual do texto proclamado.
- ◆ Do que fala o texto que acabamos de ouvir e ler?
- ◆ Vamos repetir frases para guardar bem o que lemos e especial a quem Paulo cita no texto e as atribuições.

PAULO AFIRMA QUE SE TODOS OS MEMBROS SÃO NECESSÁRIOS, todos precisam ser valorizados uns pelos outros. A ideia aqui é que muitos membros da igreja, por mais que não apareçam na liderança dos cultos são importantes, pois garantem a beleza da igreja e seu funcionamento saudável. É o caso de irmãos que visitam outros; irmãos que oram pela igreja; gente que faz estudo bíblico ou evangeliza; irmãos que convidam outros para virem à igreja; irmãos que vivem o Evangelho verdadeiro em suas vidas e com seus exemplos conseguem impactar muitas vidas. Estes membros são muito importantes para a saúde e crescimento da igreja.

O propósito de ter muitos membros, com funções e capacidades diferentes, que são necessários e devem ser valorizados, é para que não haja divisões na comunidade. O propósito é preservar a união do corpo, e para que isto aconteça, cada membro tem o dever de cuidar uns dos outros. As celebrações, as orações mútuas, o modo carinhoso de tratar, a preservação da integridade dos irmãos, as palavras que promovem edificação, tudo isso são formas de buscar a unidade da comunidade.

Todos nós somos membros e juntos formamos um único corpo. Sabemos que no corpo cada membro tem uma função diferente, porém todos são de suma importância para o seu funcionamento perfeito. A diversidade de dons embeleza a comunidade, corpo de Cristo, chamada a dar continuidade à missão de Jesus, a restituir a vida a quem dela está privado. Todos são necessários na igreja. Cada membro da comunidade tem uma função a desempenhar. Ninguém deve deixar de desempenhar sua função, mas ao contrário, precisa agir de forma coordenada e disciplinada, seguindo as orientações da cabeça que é Jesus às orientações que lhe são repassadas na igreja.

Sentido da celebração eucarística.

A celebração eucarística se caracteriza pelo seu dinamismo, simbologia, ritos e o sentido do mistério na própria celebração do mistério de Cristo, fazendo-o presente na vida da comunidade eclesial. Atualiza-se o que Cristo realizou em vista da nossa salvação, onde se lembra do passado, tornando-o presente, e prefigura-se o futuro. A memória do passado se faz o hoje da vida do cristão. A memória da paixão, morte e ressurreição do Senhor incluía o ontem, o hoje e o amanhã de Jesus Cristo, da nossa vida com Ele, por Ele e nele.

A Celebração da Eucaristia é encontro em volta de duas mesas – a da Palavra e a do Pão partilhado, precedida do rito introdutório e seguida da conclusão. O amor de Cristo convoca e alimenta. A mesa da Palavra (chamada de ambao) e a mesa da Ceia (que se realiza ao redor do altar) são o lugar em que o próprio Cristo se faz presente, fala conosco e se dá como alimento. Durante a celebração por várias vezes se faz o convite para repetir: "Ele está no meio de nós!"

No rito de introdução, além de ser acolhida e de reconhecer-se como comunidade convocada, a assembleia se declara necessitada da misericórdia de Deus, a qual Jesus veio trazer. Em atitude de pequenez e pobreza acolhe-se o perdão através do ato penitencial que se integra com o canto do glória e dão à comunidade o sentido do mistério. Com estes ritos se encerra com a oração da chamada coleta, a súplica a Deus para que o cristão seja capaz de vivenciar a própria consagração batismal.

A oração eucarística reconhece a grandeza e a bondade de Deus que nos salva em Jesus Cristo, seu Filho que se perpetua na história de hoje. A comunidade reunida manifesta a sua gratidão e compromisso batismal e ao mesmo tempo suplica a Deus que renove a misericórdia, alimente na caminhada. A oração eucarística é o grande canto de gratidão e reconhecimento, de missão e de pertença ao Povo de Deus escolhido. Foi Jesus Cristo, no contexto da Páscoa judaica que Jesus, na última ceia, deixou o grande testamento de sua própria vida entregue à humanidade.

A missa é chamada de banquete ou ceia pascal de Cristo com os seus discípulos onde acontece a fração do Pão, a ação de graças por excelência ao Deus cuja misericórdia é eterna. Toda essa nomenclatura identifica o sentido maior do que realizamos na comunidade reunida para a celebração do mistério da Pessoa de Jesus Cristo. O centro de toda celebração da missa está na oração eucarística. A assembleia se une a Cristo e proclama as maravilhas de Deus que garante a relação com Deus através da oração por Cristo, com Cristo e em Cristo e oferecemos ao Pai a nossa ação de graças pela salvação realizada.

3. JESUS CAMINHO! ABRE O MEU CORAÇÃO PARA ACOLHER A TUA VONTADE

Vamos conversar:

- ♦ O que conseguimos entender disto que lemos e conversamos sobre o domingo?
- ♦ Como vivemos o domingo em nossa família?
- ♦ Como é vivido em nossas comunidades?
- ♦ Como a sociedade vê e vive o domingo?
- ♦ As celebrações litúrgicas ajudam a vivenciar o sentido cristão do domingo?
- ♦ Cada membro tem o dever de cuidar uns dos outros. Como desempenho minha missão na comunidade?

*É importante organizar a celebração na comunidade explicando parte por parte da missa. (Cf. texto complementar.)

*Consultar: www.universovozes.com.br – Blog da Catequese – A missa parte por parte do papa Francisco.

4. JESUS VIDA! FORTALECE A MINHA VONTADE PARA VIVER A TUA VIDA

- Vamos erguer a vela, a Bíblia e agradecer ao Senhor pela sua ressurreição, porque "Ele está no meio de nós" e por formarmos a comunidade cuja centralidade está em Jesus Cristo. Pelo domingo, o dia consagrado ao Senhor, cantemos: Ele está no meio de nós.

- Oração

  Ó Deus, força da vida! Tu nos dás a alegria de nos reunirmos em comunidade para celebrar o dia do Senhor, para celebrar a presença do ressuscitado. Sopra, sobre nós, o dom do teu Espírito Santo e ajuda-nos a valorizar e a viver com mais seriedade o dia da ressurreição do Senhor. Assim, amaremos mais a Deus e aos nossos irmãos. Por Cristo Jesus. Amém!

5. COMPROMISSO

- Participar da celebração de domingo na comunidade e apreciar parte por parte da missa conforme o folheto de instruções.

TEXTO COMPLEMENTAR

MISSA PARTE POR PARTE

RITOS INICIAIS

Entrada do celebrante

A celebração é o nosso encontro com Deus, marcado pelo próprio Cristo. Jesus é o orante máximo que assume a Liturgia oficial da Igreja e consigo a oferece ao Pai. Ele é a cabeça e nós os membros desse corpo. Durante o canto de entrada, o padre acompanhado dos ministros, dirige-se ao altar. O celebrante faz uma inclinação e depois beija o altar. O beijo tem um endereço: não é propriamente para o mármore ou a madeira do altar, mas para o Cristo, que é o centro de nossa piedade.

Saudação do celebrante

O padre dirige-se aos fiéis fazendo o sinal da cruz. Essa expressão "EM NOME DO PAI E DO FILHO E DO ESPÍRITO SANTO", tem um sentido bíblico. É iniciar a missa colocando a nossa vida e toda a nossa ação nas mãos da Santíssima Trindade. O sinal da cruz significa que estamos na presença do Senhor e que compartilhamos de sua autoridade e de seu poder.

Ato penitencial

O Ato Penitencial é um convite para cada um olhar dentro de si mesmo diante do olhar de Deus, reconhecer e confessar os seus pecados, o arrependimento deve ser sincero. É um pedido de perdão que parte do coração com um sentido de mudança de vida e reconciliação com Deus e os irmãos.

Ao perdoar e receber o perdão divino, ficamos impregnados de misericórdia: somos como uma esponja seca que no mar da misericórdia começa a se embeber da graça e do amor que estão à nossa espera. É quando os fiéis em uníssono dizem: "Senhor, tende piedade de nós!"

Hino de louvor

O Glória é um hino de louvor à Trindade: Pai, Filho e Espírito Santo. No Glória (um dos primeiros cânticos de louvor da Igreja). No louvor, reconhecemos o Senhor como criador e seu contínuo envolvimento ativo em nossas vidas. No louvor, Jesus é o centro de nossa oração.

OREMOS

A oração é seguida de uma pausa. Este é o momento que o celebrante convida para a oração. Durante esse tempo de silêncio cada um faz mentalmente o seu pedido a Deus. Em seguida o padre eleva as mãos e profere a oração, oficialmente, em nome de toda a Igreja. Nesse ato de levantar as mãos o celebrante está assumindo e elevando a Deus todas as intenções dos fiéis. Após a oração todos respondem AMÉM.

LITURGIA DA PALAVRA

Após o AMÉM da oração, a comunidade senta-se. Quando a Palavra é introduzida a assembleia aguarda de pé até a chegada no ambão.

A Liturgia da Palavra tem um conteúdo de importância, pois é nesta hora que Deus nos fala solenemente. Fala a uma comunidade reunida como "Povo de Deus".

Leituras, Salmo Responsorial, Evangelho e Homilia

Ouvimos as leituras e rezamos o Salmo sentados.

A Primeira Leitura geralmente é tirada do Antigo Testamento, onde se encontra o passado da História da Salvação. O próprio Jesus nos fala que nele se cumpriu o que foi predito pelos profetas a respeito do Messias.

Salmo Responsorial antecede a Segunda Leitura, é a nossa resposta a Deus pelo que foi dito na Primeira Leitura. Ajuda-nos a rezar e a meditar na Palavra acabada de proclamar. Pode ser cantado ou recitado.

A Segunda Leitura é tirada das Cartas, Atos ou Apocalipse. As cartas são dirigidas a uma comunidade a todos nós.

Terminada a Segunda Leitura, vem a aclamação ao Evangelho, que é um breve comentário convidando e motivando a Assembleia a ouvir o Evangelho. O Canto de Aclamação é uma espécie de aplauso para o Senhor que vai falar.

Para ouvir o Evangelho nos colocamos de pé em atitude de expectativa para ouvir a Mensagem. A Palavra de Deus solenemente proclamada. É a Palavra de Jesus que é anunciada.

A homilia é a interpretação de uma profecia ou a explicação de um texto bíblico. O sacerdote explica as leituras. É o próprio Jesus quem nos fala e nos convida a abrir nossos corações ao seu amor. Reflitamos sobre suas palavras e respondamos colocando-as em prática em nossa vida.

As duas leituras acontecem nas celebrações do domingo e em celebrações especiais. Durante a semana é proclamada apenas uma leitura seguida do Salmo Responsorial.

Profissão de fé

Logo após a homilia, os fiéis se levantam e recitam o Credo. Nessa oração professamos a fé do nosso batismo.

Oração da comunidade (Oração dos fiéis)

Depois de ouvir a Palavra de Deus e de professar a fé e confiança em Deus seguem as preces de maneira oficial e coletiva. É a oração da comunidade e de toda a Igreja e de cada fiel.

LITURGIA EUCARÍSTICA COMPREENDE:

Na missa ou Ceia do Senhor, o Povo de Deus é convidado e reunido, sob a presidência do sacerdote, que representa a pessoa de Cristo para celebrar a memória do Senhor. Pela ação do Espírito Santo, realiza-se um milagre contínuo: a transformação do pão e do vinho no Corpo e no Sangue de Jesus Cristo. A substância passa a ser a do Corpo, a do Sangue, a da Alma e a da Divindade de Nosso Senhor Jesus Cristo, embora as aparências sejam a do pão e do vinho.

Ofertório

As principais ofertas são o pão e o vinho. Essa caminhada, levando para o altar as ofertas, significa que o pão e o vinho estão saindo das mãos do homem que trabalha. As demais ofertas representam igualmente a vida do povo; a coleta do dinheiro é o fruto da generosidade e do trabalho dos fiéis. Na missa nós oferecemos a Deus o pão e o vinho que, pelo poder do mesmo Deus, mudam-se no Corpo e no Sangue do Senhor. Um povo de fé traz apenas pão e vinho, mas no pão e no vinho, oferece a sua vida. O sacerdote oferece o pão a Deus, depois coloca a hóstia sobre o corporal e prepara o vinho para oferecê-lo do mesmo modo. Ele põe algumas gotas de água no vinho simboliza a união da natureza humana com a natureza divina. Na sua encarnação, Jesus assumiu a nossa humanidade e reuniu, em si, Deus e o Homem. E assim como a água colocada no cálice torna-se uma só coisa com o vinho, também nós, na missa, nos unimos a Cristo para formar um só corpo com Ele. O celebrante lava as mãos, essa purificação das mãos significa uma purificação espiritual do ministro de Deus.

Santo

Prefácio é um hino de "abertura" que nos introduz no Mistério Eucarístico. Por isso o celebrante convida a assembleia para elevar os corações a Deus, dizendo: "Corações ao alto"! É um hino que proclama a Santidade de Deus e dá graças ao Senhor. O final do Prefácio termina com a aclamação: Santo, Santo, Santo... é tirado do livro do profeta Isaías 6,3 e a repetição é um reforço de expressão para significar o máximo de santidade, embora sendo pecadores, de lábios impuros, estamos nos preparando para receber o Corpo do Senhor.

Consagração do pão e vinho

O celebrante estende as mãos sobre o pão e vinho e pede ao Pai que os santifique enviando sobre eles o Espírito Santo. Por ordem de Cristo e recordando o que o próprio Jesus fez na Ceia e pronuncia estas palavras "TOMAI"...

O celebrante faz uma genuflexão para adorar Jesus presente sobre o altar. Em seguida recorda que Jesus tomou o cálice em suas mãos, deu graças novamente, e o deu a seus discípulos dizendo: "TOMAI"... "FAZEI ISTO" aqui se cumpre a vontade expressa de Jesus, que mandou celebrar a Ceia.

"EIS O MISTÉRIO DA FÉ". Estamos diante do Mistério de Deus. E o Mistério só é aceito por quem crê.

Orações pela Igreja

A Igreja está espalhada por toda a terra e além dos limites geográficos: está na terra, como Igreja peregrina e militante; está no purgatório, como Igreja padecente; e está no céu, como Igreja gloriosa e triunfante. Entre todos os membros dessa Igreja, que está no céu e na terra, existe a intercomunicação da graça ou comunhão dos santos. Uns oram pelos outros, pois somos todos irmãos, membros da grande Família de Deus. A primeira oração é pelo papa e pelo bispo diocesano, que são os pastores do rebanho; sua missão é ensinar, santificar e governar o Povo de Deus.

Por isso a comunidade precisa orar muito por eles. Rezar pelos mortos é um ato de caridade, a Igreja é mais para interceder do que para julgar, por isso na missa rezamos pelos falecidos. Finalmente, pedimos por nós mesmos como "povo santo e pecador".

Por Cristo, com Cristo e em Cristo

Neste ato de louvor o celebrante levanta a hóstia e o cálice e a assembleia responde amém.

RITO DA COMUNHÃO

Pai-Nosso

Jesus nos ensinou a chamar a Deus de Pai e assim somos convidados a rezar o Pai-Nosso. É uma oração de relacionamento e de entrega. O Pai-Nosso não é apenas uma simples fórmula de oração nem um ensinamento teórico de doutrina. Antes de ser ensinado por Jesus, o Pai-Nosso foi vivido plenamente pelo mesmo Cristo. Portanto, deve ser vivido também pelos seus discípulos. Com o Pai-Nosso começa a preparação para a Comunhão Eucarística.

O Pai-Nosso é recitado de pé, com as mãos erguidas, na posição de orante. Pode também ser cantado, mas sem alterar a sua fórmula. Após o Pai-Nosso na missa não se diz amém, pois a oração seguinte é continuação.

Após o Pai-Nosso, o sacerdote repete as palavras de Jesus: "Eu vos deixo a paz, eu vos dou a minha paz". A paz é um dom de Deus. É o maior bem que há sobre a terra. Vale mais que todas as receitas, todos os remédios e todo o dinheiro do mundo. A paz foi o que Jesus deu aos seus Apóstolos como presente de sua ressurreição.

Fração do pão

O celebrante parte da hóstia grande e coloca um pedacinho da mesma dentro do cálice, o qual representa a união do Corpo e do Sangue do Senhor num mesmo Sacrifício e mesma comunhão.

Cordeiro de Deus

Tanto no Antigo como no Novo Testamento, Jesus é apresentado como o "Cordeiro de Deus". Os fiéis sentem-se indignos de receber o Corpo do Senhor e pedem perdão mais uma vez.

Comunhão

A Eucaristia é um tesouro que Jesus, o Rei imortal e eterno, deixou como Mistério da Salvação para todos os que nele creem. Comungar é receber Jesus Cristo, Rei dos reis, para alimento de vida eterna.

A hora da Comunhão merece nosso mais profundo respeito, pois nos tornamos uma só coisa em Cristo.

Quem comunga, recebendo a hóstia na mão, deve elevar a mão esquerda aberta para o padre colocar a comunhão na palma da mão. O comungante, imediatamente, pega a hóstia com a direita e comunga ali mesmo na frente do padre ou ministro. Quando a comunhão é nas duas espécies, ou seja, pão e vinho, é diretamente na boca. Nesse caso, em algumas comunidades, há a possibilidade do fiel pegar a hóstia e a mergulhar no vinho, acompanhado pelo sacerdote ou ministro.

Pós-Comunhão

Depois de comungar, há um instante de silêncio ou de canto para fazer o momento de ação de graças pelo dom recebido.

Rito Final

Seguem-se a Ação de Graças e os Ritos Finais. Despedimo-nos, e é nessa hora que começa nossa missão: a de levar Deus àqueles que nos foram confiados, a testemunhar seu amor em nossos gestos, palavras a ações.

É preciso valorizar mais e receber com fé a bênção solene dada no final da missa. E a missa termina com a bênção.

ANOTAÇÕES PESSOAIS

17º ENCONTRO

Jesus Ressuscitado se revela na comunidade cristã

Objetivo Reconhecer que Jesus está presente na comunidade com gestos de amor, alegria, perdão e solidariedade.

1. MOMENTO DE ACOLHIDA E ORAÇÃO

♦ Iniciar com o sinal da cruz.

Canto: *Ó morte onde está tua vitória, Cristo ressurgiu, honra e glória.*

Estamos vivendo o tempo de Páscoa. Jesus ressuscitou. Ele vive, venceu a morte e trouxe vida nova. Nem sempre é fácil acreditar na ressurreição de Jesus. Para crer, duas coisas são necessárias: ter fé e viver em comunidade. Sempre que procuramos criar fraternidade nos ambientes onde vivemos, estamos colocando Jesus no meio das pessoas. Em nossos gestos de fraternidade, encontramos Jesus que nos ilumina e nos dá forças. As atitudes que geram fraternidade permanecem para sempre. É na comunidade que podemos reconhecer e nos encontrar com Jesus ressuscitado.

2. JESUS VERDADE! AJUDA-ME A CONHECER A TUA PALAVRA

♦ Ler o texto mais uma vez, individualmente.

♦ Quais personagens aparecem?

♦ Como eles estão? O que fazem?

♦ O que chamou mais a sua atenção?

DEPOIS DA RESSURREIÇÃO, JESUS SE MANIFESTA AOS SEUS.
Encontra-se fraternalmente com eles, como tinha feito na ceia eucarística, antes de sua entrega definitiva na cruz. Após a morte de Jesus, os apóstolos estavam medrosos, desanimados. A comunidade estava sem direção. Tudo toma novo vigor no encontro com o ressuscitado. Assim:

1. Jesus deseja a paz aos seus. A paz, fruto da justiça, plenitude do bem e da solidariedade. As bem-aventuranças confirmam: felizes os promotores da paz porque serão chamados filhos de Deus (Mt 5,9.) Mostra-lhes a mão e o lado para comprovar que é Ele mesmo e não um fantasma. Era o corpo glorioso do Mestre com as chagas da cruz, o mesmo Jesus que conheceram e com quem conviveram. E os discípulos se alegraram. Enfim, conseguiram compreender quando Jesus lhes falava de sua morte e ressurreição. Ele tinha razão!

2. Ele envia os discípulos para realizar a mesma missão que o Pai lhe confiara: amar todos, propor-lhes o reino e convidá-los à conversão. Não os deixa sozinhos, mas lhes oferece o Paráclito, o Espírito de Deus, para juntos, em comunidade, manterem-se fiéis à missão recebida de Jesus. O perdão dos pecados é consequência da conversão.

3. Tomé, que não estava presente no domingo, na reunião da comunidade dos discípulos, tem dificuldade para crer. É na comunidade, no domingo, que o cristão se encontra e reconhece o Ressuscitado. É na comunidade, também, que o cristão é chamado a testemunhar sua fé em Cristo, para que, pelo testemunho dos discípulos, outros creiam, sem precisar ver (Jo 20,29.)

Como você valoriza o encontro dominical em sua comunidade?

---

3. JESUS CAMINHO! ABRE MEU CORAÇÃO PARA ACOLHER A TUA VONTADE

- Vamos conversar em duplas:

  - O que essa Palavra de Deus diz para mim? Para nós? Quais os apelos que ela nos faz?

  - Em nossa vida cotidiana, quais os desafios que encontramos para viver em comunidade?

4. JESUS VIDA! FORTALECE A MINHA VONTADE PARA VIVER A TUA PALAVRA

- O que a Palavra de Deus nos faz rezar? (Tempo de silêncio.)

- Cada dupla prepara uma prece. Após cada prece, que será feita ao redor do Círio Pascal, ergue o círio e todos cantam: *O Ressuscitado vive entre nós! Amém, Aleluia!*

- Rezar um Pai-Nosso de mãos dadas.

- Desejar a paz de Cristo ressuscitado a cada um do grupo.

5. COMPROMISSO

- Visitar uma pessoa da comunidade que está doente.

ANOTAÇÕES PESSOAIS

18º ENCONTRO

Jesus volta para junto do Pai

Objetivo Compreender o sentido da Missão que Jesus nos confiou ao voltar para o Pai.

1. MOMENTO DE ACOLHIDA E ORAÇÃO

Celebrar a festa da Ascensão do Senhor é entrar no sentido mais profundo da sua ressurreição e da missão que Ele nos confiou. Ele foi elevado aos céus por entre aclamações. A ascensão do Cristo é a nossa ascensão; já que o corpo é convidado a elevar-se até a glória em Jesus Cristo. Ele foi elevado aos céus, mas continua presente em nosso meio e promete estar conosco todos os dias até o fim dos séculos.

Encaminhando-nos para o final do tempo pascal celebramos a festa da ascensão do Senhor. É a promessa do envio do Espírito Santo para continuar a missão de Jesus. É a certeza das palavras de Jesus prometendo que não nos deixaria órfãos. No encontro de hoje vamos vivenciar esta realidade nova que o Cristo ressuscitado nos oferece.

Iniciemos nosso encontro com o sinal da cruz e rezemos juntos o Sl 46.

2. JESUS VERDADE! AJUDA-ME A CONHECER A TUA PALAVRA

- ◆ Leitura do texto bíblico: Mc 16,14-20.
- ◆ Reler o texto, individualmente.
- ◆ Destacar os personagens, suas atitudes e suas palavras.
- ◆ Colocar-se entre os discípulos no monte, e ouvir o que Jesus diz.

O EVANGELISTA MARCOS NARRA QUE JESUS FOI ELEVADO AO CÉU E sentou-se à direita de Deus. Essa expressão vem dos costumes das cortes reais. Jesus tem seu lugar de honra junto ao Pai. Sentar-se ao lado do rei é um privilégio de seus filhos e parentes próximos. O lado direito é reservado ao sucessor imediato do soberano.

A novidade das ações, o anúncio da Boa-Nova que Cristo viveu no meio de nós, da humanidade, foi tão extraordinária na vida dos seus seguidores que estes sentiram a necessidade de anunciar isso aos outros, a todos os povos. É o que chamamos "querigma". Querigma é anunciar o grande amor vivido e ensinado por Jesus e suas consequências na vida da comunidade cristã.

Jesus subiu ao céu e confiou aos seus discípulos a missão de pregar o Evangelho a todo mundo. Confirmou também que em seu nome, eles fariam milagres e, acima de tudo, Jesus prometeu que eles estariam protegidos dos animais ferozes e preservados dos ataques e ciladas dos inimigos.

O discípulo de Jesus não pode ficar apenas olhando para o céu chateado e chorando a ausência do Mestre que se foi. É preciso olhar ao redor. Jesus não se foi, Ele está aqui, bem próximo de nós. Da maneira humana como enxergamos as coisas, olhamos para as nuvens e imaginamos que o céu é um local distante e acima de nós. Por isso, convencionamos que subir ao céu é ir para um local distante, muito alto, inacessível. Para o cristão, subir pode ser interpretado como subir o morro, escalar as encostas escorregadias, caminhar por vielas tortuosas e visitar o favelado. Significa aproximar-se de um mundo de crianças sem roupa, sem comida, idosos sem assistência, jovens sem espaço para a educação e trabalho.

O Mestre quer nos ver subindo todos os andares de hospitais, asilos, edifícios, bairros, tantos lugares que também nós conhecemos. Quer nos ver levando alento e conforto aos que sofrem. E apresentar uma palavra de fé, de amor e de otimismo aos excluídos e marginalizados. Com os pés no chão, a fé se torna compromisso em prol da vida. Só assim receberemos o passaporte para subirmos ao céu.

Para o alto devemos dirigir somente nossas orações. O olhar e a atenção devem estar voltados para a terra e para a história. Não podemos esquecer que o Reino anunciado por Jesus está próximo de nós e exige nossa presença neste mundo tão carente de dignidade, justiça e paz. Fé é encarnar-se em nossa história humana.

3. JESUS CAMINHO! ABRE MEU CORAÇÃO PARA ACOLHER A TUA VONTADE

◆ Vamos compreender o que esta Palavra nos diz:

▶ Qual é o convite que nos faz?

▶ Quais os desafios que esta Palavra coloca para nossa vida na realidade em que vivemos?

▶ Como podemos viver o mandato do Senhor de "fazer discípulos dele todos os povos"?

4. JESUS VIDA! FORTALECE MINHA VIDA PARA VIVER A TUA PALAVRA

◆ No silêncio de nosso coração vamos fazer nossa oração respondendo: O que esta Palavra me faz dizer a Deus? *(Depois partilhar no grupo a oração.)*

◆ Professemos a nossa fé no Deus que nos envia em missão e que promete estar conosco todos os dias até o fim dos séculos.

◆ Rezar o Credo erguendo uma vela e estendendo a mão.

Canto: *Ide anunciar* (ou outro relacionado ao tema).

5. COMPROMISSO

◆ Ver junto ao grupo o que pode ser assumido para viver ao longo da semana.

ANOTAÇÕES PESSOAIS

19º ENCONTRO

O Sacramento da Crisma

Objetivo Preparar-se para a celebração da Crisma, sacramento da maturidade da fé cristã, à luz do Espírito Santo.

1. MOMENTO DE ACOLHIDA E ORAÇÃO

♦ Iniciemos o encontro fazendo juntos o sinal da cruz.

Canto: *Vem, vem, vem, vem Espírito Santo de amor.*

Nossa reflexão de hoje vai nos conduzindo para a celebração próxima do Sacramento da Crisma/Confirmação. Queremos compreender mais e melhor o que significa este momento importante da nossa vida, no caminho que estamos fazendo de Iniciação à Vida Cristã.

♦ O que já sabemos sobre a Crisma/Confirmação? Por que realizar este sacramento? A Palavra de Deus vai iluminar nossa reflexão.

O SACRAMENTO DA CRISMA/CONFIRMAÇÃO DEVE SER CELEBRADO EM profunda comunhão com o Batismo e com a Eucaristia que nos leva à perfeita participação na vida e na missão de Jesus. A história nos indica que no início da Igreja não havia separação ritual entre o Batismo e a Crisma/Confirmação. A iniciação cristã se concretizava na Vigília Pascal, quando o candidato era introduzido na comunidade cristã e participava da ceia pascal. No Batismo recebemos de Deus o dom da fé. Nossos pais e padrinhos assumiram seguir Jesus Cristo e seu Evangelho em nosso nome. Agora, pelo Sacramento da Crisma, nós mesmos confirmamos a fé que recebemos e assumimos com responsabilidade nossos compromissos cristãos.

2. JESUS VERDADE! AJUDA-ME A CONHECER A TUA PALAVRA

- Leitura do texto bíblico: Lc 4,18-21.
- Cada um, individualmente, lê novamente o texto em silêncio.

  ▶ Vamos conversar:

  - Onde Jesus estava quando fez esta proclamação?

  - A quem Jesus dirigiu a Palavra?

  - Vamos repetir as expressões que afirmam para que Jesus foi ungido e enviado (V. 18-19.)

QUANDO JESUS INICIA SUA MISSÃO JUNTO AO POVO, ELE ESCLARECE que está fazendo tudo em nome de Deus. Sabe-se enviado por Deus e por isso diz: "O Espírito de Deus está sobre mim" (Lc 4,18.) Ele logo deixa claro que está animado, não por seus interesses, mas por Deus. Por isso Ele está "a serviço de Deus e do povo".

Quando alguém "mantém os olhos fixos em Jesus" (Lc 4,20) faz tudo como Ele. *É uma pessoa animada, perseverante, alegre e desprendida, pois antes de tudo, quer servir! Isso significa ter o Espírito de Deus ou ser inspirado pelo modo como Jesus fazia.

Anunciar o Evangelho aos pobres, libertar os presos e fazer cegos enxergarem é a missão de Cristo e de todos os cristãos. O Evangelho anuncia os preferidos de Jesus: os pobres, os presos e os cegos.

Cabe uma reflexão pessoal:

- *Será* que nós nos preocupamos com os pobres, com os presos e com os cegos?

- *Será* que nós nos preocupamos com os que estão *à* margem da sociedade?

Pobres e excluídos sempre haverá no meio de nós. Os presos não estão somente nos presídios, mas há presos aos bens do mundo, na alienação do poder e do ter. Há cegos da autossuficiência, da arrogância, da ganância, da falta de fé e da ausência de Deus.

Por isso, como Jesus, recebemos o Espírito Santo, dom de Deus, no Sacramento da Confirmação. As capacidades que recebemos na vida são dons de Deus e, por isso, Jesus ensina que devemos usá-las também para o bem dos outros. O Sacramento da Crisma/Confirmação é a Graça de Deus que se manifesta em cada um de nós como dom e convite para trabalhar pelo Reino de Deus, pela força do Espírito Santo.

3. JESUS CAMINHO! ABRE MEU CORAÇÃO PARA ACOLHER A TUA VONTADE

▶ Vamos conversar:

Como batizados, continuamos o caminho da Iniciação à Vida Cristã, agora, pelo Sacramento da Confirmação, receberemos o mesmo Espírito Santo que impulsionou Jesus na sua missão e os apóstolos no dia de Pentecostes.

- ◆ O que a Palavra de Jesus que ouvimos, diz para nós que estamos nos preparando para a Crisma/Confirmação?
- ◆ O que diz para o cristão dentro da realidade em que vivemos?
- ◆ O que o Sacramento da Confirmação pede de nós?

O que é o Sacramento da Crisma ou Confirmação?

A Crisma ou confirmação é a força de Deus através do Espírito Santo que age na pessoa. É a experiência de vida celebrada. É o sacramento do cristão que está amadurecendo na fé. Nele recebem-se os dons do Espírito Santo: Sabedoria, Entendimento, Conselho, Fortaleza, Piedade, Ciência e Temor de Deus. Eles são dons que aproximam da vocação à Santidade e dão segurança para cumprir o projeto de Jesus. A Crisma/Confirmação completa o Batismo e pelo qual recebemos o dom do Espírito Santo que concede a força para testemunhar o amor e o poder de Deus com palavras e atos na comunidade.

No Batismo recebemos o Espírito Santo e nos transformamos de criaturas de Deus para Filhos de Deus. Na Crisma confirma-se com consciência o querer ser Filho de Deus e assumir a missão da evangelização. O Deus que os apóstolos receberam no dia de Pentecostes é o mesmo que recebemos no Sacramento da Crisma/Confirmação, por isso a mesma autoridade de anúncio da Palavra de Deus é a mesma que possuímos. O dia em que nos crismamos é o dia de nosso Pentecostes onde o Espírito Santo nos é enviado para transformar e santificar.

- ◆ Estamos dispostos a viver o que celebraremos neste sacramento?

4. JESUS VIDA! FORTALECE A MINHA VONTADE PARA VIVER A TUA PALAVRA

- ◆ O que esta Palavra me faz dizer a Deus?

Vamos invocar a graça do Espírito Santo, que é fogo, é luz, é dom de Deus sobre cada um de vocês que estão se preparando para celebrar o Sacramento da Confirmação. Peçamos que vocês tenham seus corações purificados de toda maldade, da mentira, do mal e possam desejar o Reino como o maior tesouro de suas vidas e desejar ser luz no mundo.

Os crismandos acendem sua vela na vela grande, segurando-a com a mão esquerda e colocam a mão direita no coração, enquanto o catequista reza assim:

Oração

Deus, que ungistes vosso Filho nas águas do rio Jordão com o Espírito Santo e o entregastes para a nossa salvação, olhai estes vossos crismandos que se dispõem com fervor para receber a Crisma.

Abençoai-os e, fiéis *as* vossas promessas, preparai-os e santificai-os para serem dignos dos vossos dons e possam, assim, serem configurados mais perfeitamente ao vosso Filho e serem testemunhas do Reino de Jesus. Por Cristo, nosso Senhor. Amém.

- ◆ Todos rezam juntos o Sl 27 da Bíblia. É uma oração de confiança para buscar forças e coragem para enfrentar as dificuldades.

  - ▶ O Senhor é minha luz, Ele é minha salvação.

5. COMPROMISSO

- ◆ Que compromisso eu posso assumir como cidadão diante das situações de injustiças, de miséria e de corrupção que vivemos em nossa realidade?

- ◆ Como posso testemunhar Jesus Cristo na minha família, trabalho e outros espaços que frequento?

CELEBRAÇÃO DA LUZ E DOS DONS DO ESPÍRITO

Esta celebração poderá ser feita na semana que antecede a celebração do Sacramento da Crisma com os crismandos na comunidade. Onde for possível, convidar também os padrinhos. Providenciar uma vela para cada participante.

Ambientação: No local da celebração, haja um espaço preparado para colocar o Círio Pascal, a Palavra de Deus e 7 velas, os sete dons escritos em tiras de papel e destacados.
Criar um clima de silêncio e de oração com pouca luz artificial.

Mantra: /: Ó luz do Senhor,

(Durante o mantra, entra o Círio Pascal que será colocado no local preparado. Ao colocá-lo, a pessoa diz o refrão com voz forte, diante do círio.)

Leitor: A luz de Cristo Ressuscitado, brilhe hoje em nossa noite, acabando com toda a escuridão.

Animador: Queridos catequizandos, pais, padrinhos, irmãos e irmãs. Sejam todos bem-vindos para esta celebração da luz. É o momento que nos prepara para a celebração do Sacramento da Crisma, no qual recebemos o Espírito Santo, o dom de Deus. Nesta celebração invocamos o Espírito Santo, dom de Deus, com seus sete dons.

Canto: *Vem, Espírito Santo, vem, vem iluminar.*

(Para cada dom do Espírito que for invocado, entra uma pessoa com uma vela acesa e vai acendendo as velas dos participantes gradativamente de modo, que ao entrar a sétima, se completa o acendimento das velas de todos. Colocam-se as velas sobre os dons escritos.)

Canto: *Vem, Espírito Santo, vem, vem iluminar.*

(Para cada dom do Espírito que for invocado, entra uma pessoa com uma vela acesa e vai acendendo as velas dos participantes gradativamente de modo que ao entrar a sétima se completa o acendimento das velas de todos. Colocam-se as velas sobre os dons escritos.)

Animador: O dom do conselho vem para nós pela Palavra de Deus. Ó Deus, confirmai-nos com o vosso Espírito de conselho, para que sejamos sempre autênticas testemunhas de seu amor, em palavras e atos. Amém!

Leitor: Invocamos o dom da fortaleza. (Entra a quarta vela.)

Canto: *Senhor, vem nos dar a fortaleza.*

Animador: A fortaleza é o dom divino que nos faz firmes na fé, nos fortalece para resistir ao mal e nos dá coragem para testemunhar Jesus com palavra e obras. Ó Pai, que na Cruz de vosso Filho revelastes o poder do vosso amor, confirmai na fortaleza os nossos corações. Amém!

Leitor: Invocamos o dom da ciência. (Entra a quinta vela.)

Canto: *Senhor, vem nos dar divina ciência...*

Animador: Com o dom da ciência, o Espírito nos dá o conhecimento dos mistérios do Reino de Deus. Nos ajuda a fazer a experiência de Deus, em Jesus Cristo. Ó Deus, pela vossa graça, concedei que não sejamos envolvidos pelas trevas do erro, mas brilhe em nossas vidas a luz da vossa verdade e as sementes do vosso amor. Amém!

Leitor: Invocamos o dom da Piedade. (Entra a sexta vela.)

Canto: *Dá-nos, Senhor, filial piedade.*

Animador: O dom espiritual da piedade, expressa a atitude que guia nossas intenções e as obras segundo Deus. Ó Deus, que a vossa graça nos preceda e acompanhe, para que estejamos sempre atentos ao bem que devemos fazer. Amém.

Leitor: Invocamos o dom do temor de Deus. (Entra a sétima vela.)

Canto: *Dá-nos, enfim, temor, sublime.*

Animador: O temor de Deus é uma atitude espiritual que não se reduz ao medo do homem diante da santidade divina. Ó Deus, que nos concedeis no vosso imenso amor de Pai, mais do que merecemos, derramai sobre nós a vossa misericórdia, e dai-nos a graça da perseverança no seu temor. Amém!

Todos erguendo suas velas acesas cantam.

Canto: *A nós descei, divina luz!*

Oração: Deus, que instruístes os corações dos teus fiéis com a luz do Espírito Santo, fazei que apreciemos retamente todas as coisas, segundo o mesmo Espírito, e gozemos sempre da tua materna consolação. Por Cristo Nosso Senhor. Amém!

Palavra de Deus: Proclamar o texto do Evangelho de João 20,21-23. (O animador convida para um momento de silêncio onde cada um pode retomar a Palavra de Deus.)

Rezar ou cantar o Sl 27 — uma pessoa proclama as estrofes.

Todos repetem após cada estrofe: (pode-se cantar o refrão ou todo o Salmo.)
O Senhor é *minha* luz, Ele é *minha* salvação.

PRECES

Animador: Ao Deus que derrama em nossos corações o seu Espírito maternal, rezemos todos juntos. **Envia Senhor teu Espírito e tua luz.**

1. Por teu Espírito Santo, renova a terra e fazei novas todas as coisas. Digamos...
2. Ilumina cada um dos crismandos com tua luz, Senhor, para que sejam tuas testemunhas no mundo. Digamos...
3. Por teu Espírito de luz, cura os doentes, consola os que sofrem e olha para as nossas famílias. Digamos...
4. Envia, Senhor, sobre os que vivem marginalizados e sem esperança teu Espírito de vida, de luz e de verdade. Digamos...
5. Derrama sobre nossa Igreja, sobre nossas comunidades a força renovadora do teu Espírito, para que na unidade nos dediquemos ao teu serviço. Digamos...

Rezar juntos a oração do Pai-Nosso
Oração: (O animador conclui com esta oração.)
Dai-nos Senhor, um coração grande, aberto à vossa Palavra de vida e verdade, dai-nos um coração grande e forte para amar a todos, para servir a todos, para sofrer por todos! Ó Espírito Santo, dai-nos um coração grande, desejoso de se tornar semelhante ao coração do Senhor Jesus. Um coração grande e forte para superar todas as provações, todo o tédio, todo o cansaço, toda a desilusão, toda a ofensa! Um coração grande e forte,

constante até ao sacrifício, quando este for necessário! Ó Espírito Santo, dai-me um coração cuja felicidade seja palpitar com o coração de Cristo e cumprir humilde, fiel e firmemente a vontade do Pai. Amém! (Paulo VI.)

Canto: *Pelo Batismo recebi uma missão.*

Bênção
Animador: O Deus que derramou em nossos corações, nesta celebração da luz, o Espírito do seu Filho Jesus, nos encha de alegria e consolação, agora e sempre, e nos prepare para recebermos o Sacramento da Crisma/Confirmação. Por Cristo nosso Senhor. Amém!

Concluir com um canto

ANOTAÇÕES PESSOAIS

20º ENCONTRO

Os frutos do Espírito Santo na vida do cristão

Objetivo Entender o que é a alegria de viver no Espírito Santo e produzir frutos que vem d'Ele.

1. MOMENTO DE ACOLHIDA E ORAÇÃO

Em nosso encontro de hoje, veremos que quem crê no Espírito Santo e vive conforme o Espírito orienta-se e inspira-se para produzir os frutos que vem d'Ele. Hoje veremos juntos quais são os frutos do Espírito Santo. Somos chamados a sermos livres, vivendo segundo o Espírito.

Cantemos: *Vem ó Santo Espírito, Vem ó Santo Espírito.* (Repetir várias vezes.)

- ♦ Façamos o sinal da cruz.
- ♦ Rezemos:

    Vinde, Espírito Santo, enchei o coração dos vossos fiéis e acendei neles o fogo do vosso amor.
    Enviai o vosso Espírito e tudo será criado e renovareis a face da terra. Ó Deus, que instruístes os corações dos vossos fiéis com a luz do Espírito Santo, fazei que apreciemos retamente todas as coisas, segundo o mesmo Espírito, e gozemos sempre da sua consolação. Por Cristo, nosso Senhor. Amém!

- ♦ Iluminados por Deus, somos chamados a ser, no meio do mundo onde vivemos, sinais do bem e da bondade divina. Como uma árvore que recebe da terra a seiva para produzir o fruto, nós recebemos as graças de Deus, os dons do Espírito, para produzirmos obras de justiça e de caridade.

2. JESUS VERDADE! AJUDA-ME A CONHECER A TUA PALAVRA

- Leitura do texto bíblico: Gl 5,13-26.
- Cada um lê novamente o texto, individualmente.
- O que diz o texto?
- Destaque a parte que mais chamou sua atenção.

HÁ SEMPRE UMA LUTA DENTRO DE NÓS: FAZER O QUE É CERTO ("viver no Espírito") ou ceder ao erro (instinto). Quem escolheu o Espírito de vida, o Espírito de Cristo, não aceita ceder aos instintos. Quem se educa no estilo de vida em Cristo, encontra forças para vencer a tentação. Isso é viver no Espírito Santo! Aprende-se viver para as coisas nobres ou do alto, como diz a Bíblia. Inspirados em Jesus Cristo, convivemos como irmãos, somos livres e testemunhos da paz. Já fomos libertados por Cristo em seu Sangue na cruz, não podemos retroceder. O Espírito de Deus não aprova o pecado, mas salva o pecador. Uma vez iluminados pelo dom do Espírito, nossa vida deve estar voltada ao autodomínio! Inebria-te do Espírito Santo para viver em paz e manifestar em tua vida os frutos de uma vida de seguidor de Jesus Cristo!

3. JESUS CAMINHO! ABRE MEU CORAÇÃO PARA ACOLHER A TUA VONTADE

- O que esta Palavra nos ensina?
- Quando e em quais situações da nossa vida produzimos frutos que são do Espírito?
- Quando produzimos frutos que não são do Espírito?
- Quais destes frutos precisam ser mais testemunhados por nós cristãos, para que o mundo e a sociedade acreditem?

4. JESUS VIDA! FORTALECE A MINHA VONTADE PARA VIVER A TUA PALAVRA

- Olhando para os frutos do Espírito que lemos no texto bíblico, espontaneamente façamos nossa oração, nossas preces ao Senhor. Prece de súplica, de louvor, de perdão. (Deixar tempo para isto.)

Oração

Ó Espírito Santo! Amor eterno do Pai e do Filho, inspirai-me sempre o que devo pensar, o que devo dizer, como devo dizê-lo, o que devo calar, o que devo escrever, como devo agir, o que devo fazer para procurar vossa glória, o bem das pessoas, e o caminho de santificação. Ó Espírito Santo! Ajudai-me a ser bom e fiel, à graça de Deus. Inflamai-me no fogo do vosso amor para que possamos transformar o mundo. Amém!

♦ Vamos juntos repetir os frutos, dons do Espírito Santo, para gravá-los no coração: "amor, alegria, paz, paciência, amabilidade, bondade, fidelidade, modéstia e autodomínio" (Gl 5,22.)

Canto: *O Espírito do Senhor repousa sobre mim*
O Espírito do Senhor me escolheu, me enviou.

5. COMPROMISSO

♦ Pensemos juntos em atitudes concretas que podemos assumir como grupo, para vivermos os frutos do Espírito em nossa caminhada.

ANOTAÇÕES PESSOAIS

21º ENCONTRO

Confirmados no Espírito para sermos a Igreja de Jesus

Objetivo Despertar nos crismados a ação santificadora do Espírito, como continuidade da ação de Jesus, o sentido da pertença à Igreja, colocando seus dons a serviço.

1. MOMENTO DE ACOLHIDA E ORAÇÃO

♦ Iniciamos o nosso encontro com o sinal da cruz.

Rezemos: Senhor Jesus, Tu que enviaste aos apóstolos o Espírito Santo, concede, a cada um de nós, vivermos segundo esse mesmo Espírito. Amém.

Canto: *Escolher um canto do Espírito Santo.*

Os apóstolos também enfrentaram muitas dificuldades na missão, mas o Espírito Santo concedia-lhes os dons necessários para enfrentar com coragem os problemas que surgiam. Confirmados na fé, integrados na comunidade dos cristãos, devemos ser testemunhas de Jesus Cristo no meio do mundo e convidar outros para segui-lo.

A nossa vida é feita de momentos bons e agradáveis, mas também por momentos difíceis e de medos. O encontro de hoje quer iluminar a nossa vida para podermos compreender e agir conforme o Espírito. Os apóstolos viveram momentos de tensões e dificuldades, dentro e fora da comunidade, mas o Espírito Santo estava com eles, auxiliando-os e concedendo-lhes as graças necessárias para superar as dificuldades e viver a missão confiada e convidar outros para seguir o projeto de Jesus.

2. JESUS VERDADE! AJUDA-ME A CONHECER A TUA PALAVRA

- Leitura do texto bíblico: At 9,26-31.
- Reler por versículos, espontaneamente.

Vamos refletir e depois partilhar com o grupo:

- Qual a dificuldade que aparece no texto?
- Como é resolvida a situação?
- Quais as estratégias usadas para consolidar a missão dos apóstolos?

NO LIVRO DOS ATOS NO CAPÍTULO NOVE PODEMOS CONHECER COMO Paulo inicia sua experiência de discípulo e apóstolo de Jesus Cristo. Paulo volta a Jerusalém e inicia a sua missão junto aos judeus.

Paulo começa a evangelizar com determinação e com testemunho apaixonado e corajoso sobre Jesus como Filho de Deus. No entanto, sua pregação gera confusão entre os judeus. Mesmo assim, Paulo assume com firmeza a sua nova opção depois de fazer a experiência de se converter ao cristianismo.

Na comunidade a que começa a pertencer duvidaram de sua conversão. Barnabé acredita nele e o apresenta como apóstolo. O papel de Barnabé foi muito importante nesse processo. Ele apresentou Paulo aos líderes da igreja que acolheu o novo convertido. Paulo ao sentir-se acolhido e reconhecido retoma a sua pregação junto ao grupo que testemunhou o apedrejamento de Estevão, razão pela qual o povo o rejeita. Acreditando na sua conversão, a comunidade o protege e ao mesmo tempo facilita a fuga.

A partir de então Paulo mostrou espírito corajoso e saiu às ruas para testemunhar. Em Damasco se repetiu o fato de Jerusalém.

Lucas descreve a paz das comunidades em todas as regiões do Antigo Israel já evangelizadas pela Palavra e pelo Espírito. A primeira etapa foi alcançada e inicia o novo processo de expansão.

Barnabé ainda hoje está presente no meio das comunidades como mediador, representado pelas pessoas que ensinam a igreja a receber as diferenças que vêm de realidades diferentes.

O versículo 31 mostra uma retrospectiva de todas as comunidades cristãs. Mencionando as três regiões da Palestina, Lucas salienta que a Igreja se estabelece em todos os lugares do antigo Israel. A Igreja é o conjunto das comunidades que se constrói e caminha. A fé em Jesus e a força do Espírito Santo são as duas fontes da vida da Igreja no Novo Israel e na Igreja de hoje.

Para anunciar o Evangelho é preciso ter fé, coragem e ousadia. No mundo em que vivemos quase não há espaço nem abertura para o anúncio da Palavra de Deus. É preciso se revestir da fortaleza de Deus e da força do Evangelho para proclamar que Jesus está vivo e que Ele é o Senhor.

3. JESUS CAMINHO, AJUDA-ME A ACOLHER A TUA PALAVRA

- ◆ Em duplas, realizar uma partilha sobre o conflito que está vivendo e suas conclusões ao confrontar com a Palavra de Deus.
- ◆ Depois conversar analisando quais são as possibilidades para resolvê-la ou a melhor forma de conviver com a situação.

4. JESUS VIDA! FORTALECE A MINHA VONTADE PARA VIVER A TUA PALAVRA

Cada catequizando recebe um floco de algodão. O catequista convida-os a olhar para o pedacinho de algodão que recebeu e pensar: Quais dons recebi de Deus?

(Após um tempo de silêncio, o catequista continua.)

Este algodão representa os dons que temos. Agora vamos partilhar um pouco destes dons com nossos irmãos. Diga que dom você partilha, dando-lhe um pedacinho do algodão.

(Ao final, pedir para olharem o algodão que eles têm nas mãos e ver o que mudou.)

- ◆ Qual a importância de partilharmos os dons?
- ◆ Ao partilhar, ninguém perde, todos ganham, inclusive a pessoa que se doa.
- ◆ Em círculo, com a vela, a Bíblia e o símbolo do Espírito Santo no centro, vamos agradecer a Deus pelos dons que temos. *Cada um coloca o seu algodão perto dos símbolos e diz que dom gostaria de agradecer a Deus, após o que todos dizem:* **Obrigado, Senhor, pelo dom**... (Repete o dom que o catequizando disser.)

5. COMPROMISSO

♦ Em silêncio, cada um pensa: Como vai viver o dom que recebeu, durante a semana e na comunidade?

♦ No próximo encontro será feita a partilha da experiência vivida.

Concluir com um canto

ANOTAÇÕES PESSOAIS

22º ENCONTRO

A Santíssima Trindade:
Deus é comunidade de amor

Objetivo Aprofundar o entendimento da Santíssima Trindade como fonte de comunhão e modelo de comunidade.

1. MOMENTO DE ACOLHIDA E ORAÇÃO

- Iniciamos nosso encontro com o sinal da cruz.
- Partilha de como cada um vai viver na comunidade e o dom que recebeu.

AO LONGO DO ANO LITÚRGICO, CELEBRAMOS OS GRANDES EVENTOS da história da salvação. Na solenidade da Trindade celebramos o mistério de um só Deus em três pessoas – Pai, Filho e Espírito Santo. Essa é uma verdade fundamental da fé cristã, que expressamos inúmeras vezes, por palavras e gestos, na liturgia, na oração particular, sobretudo no "sinal da cruz".

A Trindade é o mistério central da nossa fé. É a grande revelação que Deus faz de si mesmo de maneira gradual ao longo de toda a Bíblia. Diante do Mistério de Deus, a nossa atitude é de grande humildade e também de profunda reflexão, para aprender o grande significado que tem para a nossa vida. Jesus revelou-nos que há um só Deus, mas em três Pessoas. Por isso mesmo, o mistério da Santíssima Trindade nos ajuda a entender que Deus não é um ser fechado em si mesmo, mas que usando uma linguagem humana, estabelece um diálogo, se relaciona, se manifesta, age, cria e recria.

Canto: *Ó Trindade, vos louvamos!*

2. JESUS VERDADE! AJUDA-ME A CONHECER A TUA PALAVRA

- Leitura do texto bíblico: Jo 3,16-18.
- Reler mais uma vez, individualmente.
- Que personagens aparecem no texto?
- O que fazem?
- Como vive um discípulo de Jesus?

OS ONZE DISCÍPULOS VÃO À GALILEIA COMO JESUS HAVIA INDICADO. Sobem a um monte. A comunidade dos discípulos retornou à Galileia, onde Jesus começou a sua missão no meio de pessoas marginalizadas, doentes e sofridas. É na Galileia que Jesus leva a Boa notícia do reino, lugar do testemunho e ação das primeiras comunidades cristãs. Os discípulos se prostram diante de Jesus, identificando-se com Ele e seu projeto. O monte para o qual se dirigem constitui a memória do monte das tentações, ou da transfiguração, ou a montanha sobre a qual Jesus anunciou seu programa de vida, as bem-aventuranças. É também a memória da montanha do encontro entre Deus e o povo da primeira Aliança na pessoa de Moisés, onde recebe a lei.

Jesus Cristo entrega a missão aos discípulos. Ele dá apenas uma ordem àqueles que o seguem: fazer com que todos os povos se tornem discípulos. Naquele momento os onze representam toda a Igreja. Jesus toma a palavra, afirmando sua plena autoridade recebida de Deus. Envia seus discípulos para a missão universal, fazer com que o projeto de Deus alcance a todos, tornando-o Povo de Deus, isto é, a toda a comunidade cristã, batizando-os em nome do Pai, do Filho e do Espírito Santo. Como consequência, viverão de acordo com o ensinamento de Jesus. Inaugura-se o tempo da Igreja como comunidade de amor. Nela é preciso viver e agir com a certeza de que Jesus Cristo está com eles. Ele é o Deus Conosco na história do povo eleito. Agora é Jesus glorificado com a sua Igreja para sempre.

Os cristãos são chamados a participar de uma nova comunidade através do batismo que compromete a viver de acordo com o que Jesus ensinou: praticar a justiça em favor dos pobres e marginalizados. Os discípulos são chamados a viver em comunhão com o Pai e com seu Filho e o Espírito Santo. A comunhão da Trindade se plenifica no amor. Ser imagem e semelhança do Criador é também trazer no coração um enorme anseio de ser comunidade de relações fraternas. Por isso afirmamos: A Trindade é a melhor comunidade.

3. JESUS CAMINHO! ABRE MEU CORAÇÃO PARA ACOLHER A TUA VONTADE

- Vamos refletir:

  - O que esta Palavra de Deus e o Mistério da Santíssima Trindade nos ensina?

  - Como podemos viver a comunhão que a Trindade nos ensina numa realidade de individualismo, fechamento das comunidades e a sociedade baseada nos interesses do lucro?

4. JESUS VIDA! FORTALECE A MINHA VONTADE PARA VIVER A TUA PALAVRA

Á água purifica, refaz as forças, alivia o calor e sacia a sede. Num gesto de renovação da nossa vida de cristãos, lembrando que fomos batizados em Nome da Trindade, o Pai, o Filho e o Espírito Santo, vamos lavar as mãos. É um compromisso para viver o Batismo do jeito da Trindade. Nós começamos aqui e vamos continuando em nossa vida, na missão.

Canto: *Eu te peço desta água que Tu tens, és água viva meu Senhor...*

(Enquanto lavam as mãos cantam.)

A Trindade Santa é um convite para viver a comunhão, a fraternidade e o amor, na vida pessoal, na comunidade, na família. Somos uma única família, pois pertencemos à família cristã. Vamos nos dar as mãos e rezar com confiança e esperança a oração que expressa a unidade de todos os cristãos. Que o Deus Trindade nos ajude na superação dos preconceitos, na convivência com as diferenças e na comunhão de irmãos.

- Rezar de mãos dadas a oração do Pai-Nosso.

5. COMPROMISSO

- Nesta semana, somos convidados a viver a comunhão a exemplo da Trindade e a termos gestos concretos que expressem o amor trinitário junto às pessoas com as quais convivemos, em nossos ambientes de trabalho e nos diversos encontros da vida.

Concluir com um canto

ANOTAÇÕES PESSOAIS

23º ENCONTRO

A oração na vida do cristão: o Pai-Nosso

Objetivo Reconhecer a importância de acolher e viver a relação com Deus-Pai e com os irmãos.

1. MOMENTO DE ACOLHIDA E ORAÇÃO

Hoje vamos refletir sobre a oração que o próprio Jesus nos ensinou. Juntos, vamos partilhar nossa experiência pessoal de oração. Já conhecemos essa oração, já a rezamos diversas vezes, mas procuramos nesse encontro entender o que ela significa, qual o sentido que tem cada uma das suas palavras. Vamos, pois, conversar sobre estas perguntas:

◆ Qual a importância da oração na nossa vida?

◆ Como eu faço a minha oração?

◆ Quando eu rezo?

◆ Por que eu rezo?

A oração que Jesus nos ensinou a rezar nos diz que Deus é nosso Pai e é assim que Jesus quer que chamemos Deus. Essa oração nos coloca na condição de irmãos e irmãs, pertencentes à mesma família de Deus, da qual Ele é nosso Pai. Somos em Jesus, irmãos uns dos outros, e o próprio Jesus se faz nosso irmão. A oração do Pai-Nosso lembra-nos que é em Deus que colocamos todas as nossas esperanças e é junto com as pessoas que crescemos na fraternidade e na construção do Reino de Deus.

2. JESUS VERDADE! AJUDA-ME A CONHECER A TUA PALAVRA

◆ Leitura do texto bíblico: Mt 6,7-15.

- Reler novamente o texto para que fique bem gravado na memória. Cada versículo da oração do Pai-Nosso poderá ser lido por uma pessoa.
- Quais são os sete pedidos que aparecem nesta oração do Pai-Nosso?

A ORAÇÃO DO PAI-NOSSO SINTETIZA O CONTEÚDO DE NOSSAS orações. Ela revela, também, o que é rezar: acolher-se como filho e filha, reconhecer Deus como o único sentido da vida, pedir, agradecer, perdoar. É importante saber que Jesus, quando nos ensina a rezar o Pai-Nosso, nos convida a rezá-lo no plural (e não no singular "Pai meu"). Nenhuma invocação do Pai-Nosso é no singular. Isso significa que Jesus ensina uma oração não somente com o olhar para Deus, mas também com uma abertura profunda aos irmãos. Com isso, Ele quer nos ensinar que devemos cultivar uma forte e íntima relação com Deus-Pai, mas, ao mesmo tempo, desenvolver uma sincera e forte união e solidariedade que não exclua ninguém. Afinal, Deus é Pai de todos. A grande vontade do Pai é que o cristão sempre pratique o amor. Mas, às vezes, por não conhecermos o plano de Deus, pela pouca experiência que fazemos de sua bondade e pelo uso errado da liberdade, acabamos tomando atitudes que pouco têm a ver com a vontade de Deus. Por isso, Jesus, sabendo de nossas fraquezas, inseriu no Pai-Nosso também o pedido de perdão ao Pai, a quem ofendemos, mostrando-nos a necessidade da reconciliação. Com isso, Ele nos ensina que perdoar é exigência a quem deseja libertar-se e quer viver na harmonia e na paz dos filhos e filhas de Deus. Perdoar é, sem dúvida, um dos gestos mais difíceis para o ser humano. No entanto, quem se coloca no seguimento de Cristo deve aprender a perdoar e a aceitar o perdão. Na oração do Pai-Nosso, um dos pedidos importantes é que a justiça e o amor se manifestam através do Reino. O Reino do Pai começa a se realizar na História, através de Jesus que, na força do Espírito, é o grande anunciador do Reino do Pai.

3. JESUS CAMINHO! JESUS, ABRE MEU CORAÇÃO PARA ACOLHER A TUA VONTADE

- Vamos refletir e atualizar a oração do Pai-Nosso:
  - ▶ Quando rezamos o Pai-Nosso?
  - ▶ Que sentido tem essa oração para nós?

Vamos identificar quais são:

- Os pedidos que Jesus faz ao Pai e quais os pedidos que eu faço.
- Os clamores do Pão de cada dia de nossos irmãos hoje.
- As fomes de nossos irmãos mais próximos.
- As ofensas que devem ser perdoadas.
- Os males que devem ser evitados.

4. JESUS VIDA! JESUS, FORTALECE A MINHA VONTADE PARA VIVER A TUA PALAVRA

- Após um tempo de oração silenciosa, expressemos a Deus nossos louvores e pedidos que brotam do coração.
- Vamos rezar juntos, de mãos dadas, cada parte da oração do Pai-Nosso.

5. COMPROMISSO

- Participar de algum grupo de nosso bairro, setor ou prédio que se reúne para rezar.

ANOTAÇÕES PESSOAIS

CELEBRAÇÃO DA ENTREGA DO PAI-NOSSO

◆ Em uma celebração da comunidade se faça a entrega do símbolo do Pai-Nosso, a Oração do Senhor. É bom que se reserve um espaço próprio na Igreja para os catequizandos e os familiares.

1. ALGUMAS ORIENTAÇÕES:

◆ O catequista combina com o padre e com a equipe de liturgia essa celebração.

◆ Os familiares e os catequizandos poderão entrar em procissão no início da celebração.

◆ Devem ser acolhidos com breves palavras, destacando sua presença e motivando sobre a importância do caminho que estão fazendo na catequese.

◆ Preparar a Oração do Pai-Nosso para ser entregue aos catequizandos em bandejas.

2. ACOLHIDA E SINAL DA CRUZ

(O que coordena a celebração – padre, ministro ou catequista – diz estas ou outras palavras semelhantes.)

Queridos catequizandos, vocês estão no caminho de educação da fé, no desejo de conhecer sempre mais a pessoa de Jesus Cristo. Vocês foram chamados para serem discípulos missionários de Jesus e para viverem os mesmos sentimentos de Jesus. Estamos felizes, hoje, por vocês estarem aqui, juntamente com seus familiares. Todos estamos desejosos de viver sempre mais o que Jesus nos ensinou. Queridos catequizandos sejam bem-vindos. Hoje rezamos especialmente por vocês.

3. RITO DA ENTREGA DO PAI-NOSSO

(Baseado no RICA p. 61.)
(Após a Oração Eucarística, antes da Oração do Pai-Nosso.)

Presidente: Aproximem-se os que vão receber a Oração do Senhor! (Orienta-se os catequizandos a se colocarem de pé, na frente do altar, voltados para o coordenador da celebração. Enquanto isso, se canta: Pai nosso que estais no céu, Pai nosso que estais aqui.)

Queridos catequizandos, vocês ouvirão agora como o Senhor Jesus ensinou seus discípulos a rezar.

Catequista: Leitura do Evangelho de Mateus 6,9-13.

Presidente da celebração:

(Após dizer breves palavras sobre o sentido do Pai nosso e a importância dessa oração, diz o que segue.)

Presidente: Queridos irmãos e irmãs, estendamos a mão direita em direção ao altar e rezemos:

Vem, ó Pai, que estais no céu, ilumina a nossa mente, a nossa vontade, o nosso coração e abre-nos à coragem de viver a Verdade de teu Filho. Dai-nos a força para que a cada dia renovemos nossa adesão ao projeto de Deus e a oração do Pai-Nosso nos una cada vez aos irmãos com os mesmos sentimentos de Jesus.

Catequista: O "Pai-Nosso" é uma das orações mais conhecidas da Bíblia, pois foi ensinada aos discípulos por Jesus. É um projeto da vida do cristão a ser vivido no relacionamento todos os dias de nossas vidas e com nossos irmãos. Vocês estão dispostos a viver este compromisso com fidelidade?

Catequizandos: Sim estamos!

Familiar 1: Abençoai nossos irmãos e irmãs e concedei-lhes um coração generoso, capaz de espalhar o bem e a alegria entre todos. Dai-lhes o espírito de caridade e que sejam sempre portadores do vosso amor.

Familiar 2: Queremos ter nossos irmãos em nossos corações e ensinar-lhes sempre que vós sois Deus a quem devemos amar sobre todas as coisas, e que nossos irmãos e irmãs são vossos filhos e filhas. Ajudai estes catequizandos a compreender o que significa que sois o Pai? e nós todos, irmãos e irmãs uns dos outros.

(Na conclusão da oração, o catequista se aproxima do presidente com a bandeja das folhas ou cartões com o Pai-Nosso para que sejam abençoadas.)

Presidente: Ó Deus de bondade, abençoai estas folhas (cartões) da oração do Pai-Nosso, para que estes vossos filhos e filhas sempre os tenhais sob vosso manto protetor. Que eles possam encontrar, neste símbolo, o convite permanente para serem construtores do vosso Reino. Em nome do Pai, do Filho e do Espírito Santo. Amém!

(O presidente da celebração entrega a oração aos catequizandos.)

Presidente: Recebe o Pai-Nosso, a oração que Jesus nos ensinou. Reze-o todos os dias, em sinal de amor ao Pai dos Céus e juntos rezemos de mãos dadas:
Pai nosso...

(Após a oração os catequizandos voltam para os lugares e a celebração segue como de costume.)

24º ENCONTRO

Os sacramentos da Esperança: Penitência e Unção dos Enfermos

Objetivo Aprofundar o sentido dos sacramentos da Penitência e da Unção dos Enfermos como expressão da fé e esperança na vida nova.

1. MOMENTO DE ACOLHIDA E ORAÇÃO

♦ Vamos iniciar o encontro com um toque na água preparada pelo catequista, traçando o sinal da cruz dando-nos um abraço de acolhida.

Canto: *Senhor, que queres que eu faça?*

Vamos conversar:

♦ O que sabemos e conhecemos sobre estes dois sacramentos?
♦ Qual a vida que brota de cada um deles? Como são vividos na prática?
♦ Vivemos em uma sociedade doente. A situação da saúde de nosso povo: hospitais, atendimento, nossa experiência de enfermidade.
♦ Nossa experiência face à **Unção dos Enfermos:** A enfermidade levanta questões fundamentais. A Enfermidade coloca o ser humano diante dos seus limites como uma realidade a ser vencida. Investe-se tudo para vencer este mal. E nesse mesmo sentido, o que significa o perdão como "a volta para a casa do amor do pai"?

Embora a vida cristã tenha brotado da força do Batismo e da Confirmação e se alimente da Eucaristia, sacramentos da iniciação cristã, nossa vida está sujeita às fraquezas e às limitações psíquicas e biológicas da vida humana. A vida nova continua nos caminhos frágeis. Vive-se tensões, conflitos, pecados, rupturas, doença e morte em todos os instantes da vida.

Os sacramentos da Penitência e da Unção dos Enfermos expressam a solidariedade de Cristo e da Igreja aos oprimidos pelo pecado e pela enfermidade; asseguram a reintegração na vida da comunidade cristã e garantem a vitalidade espiritual e o sentido da vida aos seguidores de Cristo.

2. JESUS VERDADE! AJUDA-ME A CONHECER A TUA PALAVRA

- Leitura do texto bíblico: Jo 8,1-11.
- Reler novamente o texto.

  - Vamos contar a história, destacando os personagens, as ações de cada um.
  - Que lição Jesus dá aos Doutores da Lei?
  - Jesus se coloca do lado de quem?

A MULHER, NA ÉPOCA DE JESUS, ERA MARGINALIZADA DA SOCIEDADE. Ao ser surpreendida em adultério, foi condenada. Diante do fato, Jesus pronuncia palavras de ternura e de compaixão. Jesus mostra que a pessoa humana está acima da lei. Os homens não podem julgar e condenar, pois ninguém está isento de pecado. Jesus veio para dar vida e propor um caminho de conversão. Jesus demonstrou a importância da cura, da compaixão e do perdão. Muitas pessoas são surpreendidas ao errar, e prontamente os homens julgam suas ações e comportamentos. No entanto todos erram. A atitude de julgar pertence a Deus e não à humanidade.

O pecado é o contrário do amor, pois bloqueia a pessoa na sua realização e amadurecimento. Por ser contrário à nossa realização enquanto pessoas que buscam o sentido da vida, Deus não gosta do nosso pecado. Deus não gosta do nosso pecado porque gosta de nós! Os Doutores da Lei e Fariseus ainda não tinham percebido isto, e achavam que para destruir o pecado, a vontade de Deus seria destruir o pecador!

Jesus de Nazaré revela uma Lei Nova que se chama Perdão: para destruir o pecado, Deus perdoa ao pecador e oferece o Espírito Santo que recria interiormente o seu coração. Eis a Boa-Nova de um Messias "sem pedras na mão", e que em Nome de Deus nos manda largar também as nossas.

- Quem deve receber o Sacramento da Unção dos Enfermos?

  - Os adultos que se encontram gravemente doentes.
  - Os que vão submeter-se a uma delicada cirurgia.

- As pessoas idosas, por sua natural debilidade ou ocasionada por certas situações adversas à saúde, como repetidas malárias etc.

- As crianças que tenham suficiente conhecimento.

- As pessoas privadas dos sentidos ou do uso da razão (dementes), desde que se possa crer que a pediriam, se estivessem em pleno gozo das suas faculdades.

- A uma pessoa já falecida não se administre a Unção, a não ser que haja dúvidas quanto à sua morte. O ministro, neste caso, recomendará a Deus para que acolha e atue com misericórdia. Havendo dúvidas, efetuará o "rito sob condição".

Este sacramento confere ao enfermo a graça do Espírito Santo, que contribui para o bem integral da pessoa, reanimando-a pela confiança em Deus e fortalecendo-a contra as tentações do maligno e as aflições da morte, de modos que possa não somente suportar, mas combater o mal e conseguir, se for conveniente à sua salvação espiritual, a própria cura. Este sacramento proporciona também, em caso de necessidade, o perdão dos pecados e a consumação da penitência cristã (Intr. 6; cf. Trento DS 1694.)

Pela graça deste sacramento, o enfermo recebe força e o dom de unir-se mais intimamente ao Mistério Pascal de Jesus Cristo.

Os sacramentos da Penitência e a Unção dos Enfermos restituem ao ser humano a dignidade de discípulos missionários na experiência do infinito amor de Deus.

3. JESUS CAMINHO! ABRE MEU CORAÇÃO PARA ACOLHER A TUA VONTADE

- Vamos conversar:

  - Como era a realidade da mulher no tempo de Jesus? E hoje?

  - O que leva tantas pessoas a ficarem doentes e o que mais machuca a vida humana?

  - Como está a dignidade e a vida das pessoas?

  - O que esta Palavra diz para nós que estamos fazendo essa experiência em preparação à vida cristã?

4. JESUS VIDA! FORTALECE A MINHA VONTADE PARA VIVER A TUA PALAVRA

Coloquemo-nos em silêncio diante da Palavra de Deus e façamos nossa oração.

♦ O que sentimos necessidade de dizer a Deus?

Rezar juntos o Sl 32 – Feliz aquele cuja ofensa é absolvida.

5. COMPROMISSO

♦ Visitar pessoas doentes da comunidade, pessoas necessitadas que estão espoliadas de sua dignidade.

Concluir com um canto alusivo ao tema.

ANOTAÇÕES PESSOAIS

25º ENCONTRO

O amor misericordioso de Deus

Objetivo Reconhecer o perdão misericordioso de Deus na vida pessoal, comunitária e social.

1. MOMENTO DE ACOLHIDA E ORAÇÃO

Deus sempre se aproxima e nos abraça com o seu amor. Essa certeza da presença de Deus em nossa vida nos faz sentir alegria e felicidade em estar junto com nossos irmãos e irmãs. Pedir perdão é acreditar no perdão. Quem acredita no perdão sente a bondade infinita de Deus. Quem ama perdoa e sente a alegria da reconciliação. O gesto de perdoar enriquece a comunidade e renova a sociedade.

- ◆ Diante de uma vela acesa cantemos (Escolher um canto que expresse a confiança no Senhor.)
- ◆ Toquemos na água e tracemos sobre nós o sinal da cruz.

Oração

Ó Deus de misericórdia, nós vos louvamos e agradecemos, porque és nosso pai e nosso amigo. Lembramos a ternura do vosso amor. Com vossa graça, de vós tudo recebemos. Queremos viver no vosso amor e em comunhão entre nós. Confiamos no vosso amor e no vosso perdão. Ajudai-nos, Senhor. Amém!

2. JESUS VERDADE! AJUDA-ME A CONHECER A TUA PALAVRA

- ◆ Leitura do texto bíblico: Lc 7,36-50.
- ◆ Ler mais uma vez de forma dialogada.

(Distribuir quem faz cada personagem e o narrador.)

◆ Para refletir e partilhar:

▸ Quais são os personagens que estão em ação no texto? Qual a ação que cada um realiza?

▸ Qual foi a frase que mais chamou a sua atenção?

JESUS ESTÁ NA GALILEIA. LÁ ELE INICIOU SUA MISSÃO. VÊ E CONHECE as misérias do ser humano. Sabe dos limites e erros, descobre as falsidades e convida as pessoas para uma vida nova. Os contemporâneos de Jesus parecem criancinhas pirracentas que batem o pé contra a novidade do Evangelho. Ao invés de chorar com quem chora e rir com os que riem, mostram-se indiferentes. Criticam João Batista e Jesus, desprezam a sabedoria de Deus. Preferem ficar nas suas tradições e formas erradas de viver. São atitudes reprovadas por Cristo. A atitude de Simão, que se considerava justo, não condiz com um homem bom e misericordioso. A mulher pecadora se aproxima de Jesus, e não de Simão. Acolhe, lava os pés, beija, perfuma. Suas atitudes demonstram acolhimento. Simão, em seu orgulho, julga e despreza a mulher. É preconceituoso. Jesus, que veio salvar e reconciliar os homens, convida Simão a mudar seu pensamento e suas atitudes. Assim, rever nossos conceitos nos ajuda a adequá-los ao Evangelho de salvação.

A mulher, em sua humildade, que esperava compreensão da parte de Jesus, recebe o perdão e se salva. Ela pode sair daquela casa em paz, pois acolheu o Messias. Provou em sua vida o perdão renovador que Jesus lhe ofereceu.

3. JESUS CAMINHO! ABRE MEU CORAÇÃO PARA ACOLHER A TUA VONTADE

◆ Podemos partilhar:

▸ Qual é o confronto da Palavra de Deus com a nossa vida?

▸ O que essa Palavra nos diz? Quais atitudes me convida a ter?

▸ Quem nós excluímos? Quem são os julgados pela sociedade, ou pela Igreja?

▸ Qual é a conversão que Jesus nos pede, agora que estamos próximos à comunhão eucarística?

- Para receber o Sacramento da Penitência, são exigidos alguns passos:

  1. Examinar a consciência: Olhar para nós mesmos e nossos atos. O que fizemos que não está de acordo com o desejo de Deus? A quem ofendemos? O que deixamos de fazer?

  2. Arrepender-se é vontade e desejo de não voltar a fazer o mal.

  3. Confessar os pecados ao sacerdote, que, em nome de Deus, acolhe, ouve, orienta e perdoa.

  4. Penitência: acolher e cumprir o que o sacerdote nos orienta. Realizar ações que ajudam a reparar o mal. É sempre bom lembrar que confessar é muito mais do que contar pecados: confessar é querer mudar de vida, viver na comunidade cristã, é ser luz que supera as trevas.

4. JESUS VIDA! FORTALECE A MINHA VONTADE PARA VIVER A TUA PALAVRA

- Façamos silêncio olhando-nos a nós mesmos:

  ▶ Olhar para a nossa vida confiantes na misericórdia de Deus nos anima a crescer na fé. Façamos nossa oração pessoal.

Ato de contrição

Diante da cruz e com a mão direita sobre o coração rezemos:
Senhor, eu me arrependo sinceramente de todo o mal que eu pratiquei e do bem que deixei de fazer. Pecando, eu vos ofendi, meu Deus e sumo bem, digno de ser amado sobre todas as coisas. Prometo firmemente, ajudado com a vossa graça, a fazer penitência e fugir das ocasiões de pecar. Amém!

De pé recebemos a unção nos pés.

(O catequista unge com perfume cada catequizando e lhe dá um abraço.)

Oração

Ó Deus, Pai cheio de carinho e de bondade, nos revelastes vosso amor, em Jesus, o filho amado. Vós que amais e perdoais a mulher pecadora, ajudai-nos a amar, a perdoar e a acolher as pessoas com o mesmo carinho e ternura. Nossa caridade fraterna seja para eles o perfume da alegria. Nós vos pedimos em nome de Jesus, nosso Senhor. Amém!

5. COMPROMISSO

◆ Nesta semana, vamos procurar ter gestos de acolhida para com as pessoas. Cuidar para não discriminar ninguém. Buscar a reconciliação com as pessoas que fazem parte de nosso dia a dia. Preparemo-nos para a celebração de reconciliação.

Concluir com o abraço da paz e um canto.

ANOTAÇÕES PESSOAIS

CELEBRAÇÃO DO SACRAMENTO DA RECONCILIAÇÃO

♦ A preparação para a confissão é um momento importante na vida do catequizando. É fundamental que seja bem preparada.

♦ A celebração penitencial se apresenta à comunidade cristã como um sinal de renovação da Aliança com Deus. O centro da celebração, mais que os pecados, são a graça e a misericórdia de Deus. Há várias maneiras de fazer a celebração da reconciliação. Indicaremos, aqui, uma sugestão. Lembramos que essa não precisa ser feita na véspera do sacramento. Deve-se escolher uma data para ser feita com tempo, sem pressa e na gratuidade.

Ambientação: Escolher uma sala com pouca luz, onde os catequizandos possam ficar em círculo. No centro, colocar os símbolos: cruz, água, vela acesa. Pode haver tarjas de papel com as palavras: misericórdia, perdão, reconciliação, ternura, amor, festa, alegria etc.

1. ACOLHIDA

Acolher bem o grupo e introduzi-lo na sala, em clima de oração e silêncio.

2. CANTO

Onde reina o amor, fraterno amor, onde reina o amor, Deus aí está.

Animador: Celebremos a misericórdia de Deus que sempre renova a nossa vida! Sua paz e sua graça estejam com todos vocês.

Oração

Deus e Pai-Nosso,/ que nos escolhestes para sermos vossos filhos e filhas,/ santos em vossa presença,/ e felizes em vossa casa. Aceitai o nosso pedido de perdão./ Reconciliai-nos convosco,/ neste dia/ em que nos preparamos/ para receber o Sacramento da Eucaristia./ Fazei que vivamos cheios da caridade e alegria./ Dá-nos o vosso amor a cada dia da nossa vida,/ como teus discípulos e discípulas amados. Por Cristo Nosso Senhor. Amém!

♦ O catequista convida para ir ao centro da sala e olhar para os símbolos. Cada um, em silêncio, pensa o que os símbolos falam.

(Todos rezam em silêncio.)

3. LITURGIA DA PALAVRA

Leitura do texto bíblico: Jo 20,22-23.

- ◆ Deixar cada um recontar o texto.
- ◆ O que esse texto diz para mim? Qual é a lição para a minha vida?
- ◆ Cada um olhe para sua vida: O que devo mudar? O que a Palavra de Deus me pede? O que sinto vontade de dizer para Deus?
- ◆ Olhando para os símbolos, convidar os catequizandos para fazerem algum gesto, motivado pela Palavra.
- ◆ Rezar ou cantar algum Salmo que ajude a interiorizar a Palavra. Sugestão: Salmo 51 ou 23.

4. RITO SACRAMENTAL

- ◆ Cada um faz a confissão individual aos poucos; os demais continuam rezando.
- ◆ Ao voltar da confissão, como gesto de vida nova e de renovação da Aliança, tocar na água.

5. AÇÃO DE GRAÇAS

Animador: Agradecidos a Deus pelo seu amor, pela sua misericórdia para conosco, demos graças a Deus.

Pode-se cantar um salmo de ação de graças: Em coro a Deus louvemos. (Preparar o texto para que os catequizandos tenham em mãos.)

Oração do Pai-Nosso.
Abraço da paz.

Animador: Renovados pela misericórdia de Deus, sejamos um para o outro sinal desse amor que nos faz mais irmãos e amigos. (Dar o abraço da paz.)

(O catequista ao dar o abraço da paz entrega uma mensagem como lembrança da primeira confissão sacramental.)

- ◆ Onde for oportuno, essa celebração pode ser concluída com um momento de festa e confraternização.

ANOTAÇÕES PESSOAIS

26º ENCONTRO

Jesus é o Pão da Vida

Objetivo Entender a Eucaristia como o sacramento que alimenta a nossa vida de fé no Mistério Pascal.

1. MOMENTO DE ACOLHIDA E ORAÇÃO

♦ É o próprio Deus que nos reúne e é em nome dele que iniciamos o nosso encontro. Em nome do Pai, do Filho e do Espírito Santo. Amém!

♦ No encontro de hoje, vamos refletir sobre o Sacramento da Eucaristia. Aprofundaremos o estudo sobre qual é o seu sentindo ou o que celebramos na Eucaristia.

O CENTRO DA VIDA DA IGREJA É A EUCARISTIA. DOIS MOTIVOS principais nos fazem celebrar a Eucaristia: o primeiro é a força espiritual que a Igreja e todos os cristãos buscam na escuta da Palavra e na comunhão do Corpo e do Sangue do Senhor; o segundo motivo é a experiência da caridade que apreendemos a partir da partilha do Corpo e do Sangue do Senhor.

Na vida cristã, todos os que seguem Jesus precisam se alimentar de vida nova com Ele. A pessoa que recebeu o Batismo e que, portanto, se coloca em um novo caminho e dá um sentido para sua vida, precisa ser bem alimentada. Jesus nos oferece algo extraordinário como alimento. Ele mesmo se dá a nós, em forma de pão, para facilitar nosso crescimento no amor, fortalecendo-nos contra o mal, para sermos inteligentes e corajosos para fazer o bem.

▶ Para partilhar:

♦ O que entendemos por Eucaristia?

♦ Estamos nos preparando para receber pela primeira vez a comunhão eucarística. O que significa isto?

2. JESUS VERDADE! AJUDA-ME A CONHECER A TUA PALAVRA

- ◆ Leitura do texto bíblico: Jo 6,51-58.
- ◆ Ler novamente, individualmente, o texto.
- ◆ Para refletir e partilhar:
  - ▶ Quais são as expressões que mais chamaram a atenção?
  - ▶ Com quem Jesus estava falando?

NESTE TEXTO, NÃO SE PODE BUSCAR O SENTIDO, ENTENDENDO AS palavras como nós as entendemos hoje. Para eles, "carne e sangue" de alguém significava a "vida da pessoa" ou "aquilo que essa pessoa foi". Comer o corpo e o sangue de alguém era o jeito de dizer que "alguém queria ser como esta pessoa". Então, Jesus é o "pão do céu", no sentido de ser "Deus presente" entre as pessoas, presente em pessoa como nós "em carne e sangue". Comer e beber do seu corpo e do seu sangue significa "viver como Ele viveu", isto é, ser alguém que deu a sua vida (trabalho, palavras, tempo...), para salvar e melhorar a vida dos outros. Comer e beber o corpo e o sangue de Cristo significava ser uma pessoa correta e boa como Ele foi. (Os judeus tinham esse jeito de falar.) Mas esse texto nos ensina também o que é a Eucaristia: comungar no pão, o corpo de Cristo, é estar unido a Cristo para também "dar-se a si mesmo" para o bem dos outros, como Jesus também se doou aos outros. É por isso que a comunhão é o principal ensino sobre o doar-se e sobre o repartir. Quem comunga não pode ter vida indiferente, egoísta e insensível com os problemas dos outros. Na Eucaristia, eu me uno àquele que só fez o bem a todos. Comungar a vida de Cristo é ser como Ele: ligado às pessoas para fazer o melhor por elas.

Assim também é a festa de Corpus Christi (Corpo de Deus): é uma festa pública para lembrar a todos que somos "carne e sangue". O que devemos ser uns pelos outros é o que Jesus foi para nós.

- ◆ Conversar em grupo para entender que "fazer comunhão" ou "receber a hóstia", é sinal de que a gente aceita ser pessoa que se doa ao bem de todos. A hóstia representa Jesus que foi só doação e que nos convida a viver como Ele viveu.

3. JESUS CAMINHO! ABRE MEU CORAÇÃO PARA ACOLHER A TUA VONTADE

♦ Para responder e partilhar com o grupo:

▶ O que essa Palavra de Deus diz para cada um de nós, que estamos nos preparando para receber a comunhão eucarística pela primeira vez?

O SACRAMENTO DA EUCARISTIA ACONTECE DURANTE A MISSA. NA celebração, seguimos várias etapas: nos reunimos e nos acolhemos na fraternidade. Pedimos perdão. Conversamos com Deus. Ouvimos a Palavra na Bíblia. Oferecemos e oramos ao Pai, junto com Jesus presente na Eucaristia. Entramos em comunhão, recebendo Jesus no pão e no vinho. Agradecemos e recebemos a bênção do envio para levar Jesus e sua mensagem aos outros. Aprendemos, com isso, que comungar não é apenas receber Jesus na hóstia consagrada, mas é entrar em comunhão de vida e amor com Ele e com todas as pessoas.

Em cada missa fazemos a memória das palavras e dos gestos de Jesus.

Estamos nos preparando não para fazer a "Primeira Comunhão", mas para entrar juntos em uma vida nova de comunhão, com responsabilidade, união e partilha fraterna. Depois, é claro, podemos comungar quantas vezes quisermos. Ao irmos à missa, participamos da Ceia de Jesus. É preciso continuar aprendendo mais para colocar em prática na vida o que significa receber Jesus na Eucaristia.

4. JESUS VIDA! FORTALECE A MINHA VONTADE PARA VIVER A TUA PALAVRA

♦ Ao redor da mesa com os símbolos do pão e do vinho, fazer um momento de silêncio contemplativo. Lembrar o que Jesus disse: "Quem come o meu corpo e bebe o meu sangue tem a vida eterna".

Canto: *Na mesa sagrada, se faz unidade.*

Oração

Obrigado, Jesus, pela Ceia da Eucaristia. Quero me preparar bem para participar desta mesa sagrada e receber-vos na Sagrada Comunhão.

Agradeço-vos pela vossa presença na Eucaristia, por nos alimentar com o vosso próprio corpo e sangue. Ajudai a todos os que participam da missa a entenderem bem o significado da Eucaristia e as consequências da comunhão para a vida deles na família, na comunidade e na sociedade. Amém!

♦ Fazer a partilha do pão e do vinho. (Em silêncio e de forma orante.)

5. COMPROMISSO

♦ Convidar os familiares a participarem da Eucaristia na comunidade.

ANOTAÇÕES PESSOAIS

CELEBRAÇÃO DA RENOVAÇÃO DA FÉ

Orientações práticas

- Esta celebração está prevista para o segundo domingo de Páscoa. Caso não seja possível, ela pode acontecer no tempo pascal.
- É importante prever com antecedência essa celebração; combinar com o padre ou o ministro da comunidade e com a equipe de liturgia.
- Providenciar: o círio pascal, uma vela para cada catequizando e uma folha de ofício contendo a oração do Credo para ser entregue a cada catequizando.
- Se acharem oportuno, os catequizandos podem estar todos vestidos com uma camiseta branca.

1. A celebração poderá iniciar com a procissão de entrada dos catequizandos ou de representantes introduzindo o círio pascal, o livro da Palavra e uma bandeja ou cestinha com as velas para cada catequizando.
2. Na motivação inicial, o animador ou o presidente da celebração, com breves palavras, acolhe os catequizandos, seus familiares e a comunidade. Lembrar que farão a renovação da fé e receberão o símbolo da fé para continuar fortalecendo o caminho da iniciação cristã.

Após a homilia o momento da profissão de fé seguirá com este rito:

Catequizando: Sabemos que no dia de nosso Batismo recebemos de Cristo a vida da graça e a luz da fé. As perguntas feitas pelo ministro foram respondidas por nossos pais e padrinhos. Agora, nós mesmos queremos responder, renovando nosso Batismo. Hoje queremos testemunhar que pertencemos a Jesus Cristo e queremos seguir os seus ensinamentos assumindo pessoalmente nosso compromisso batismal. Por isso nos aproximamos do Círio Pascal e acendemos nossas velas.

(Todos os catequizandos acendem sua vela no círio pascal.)
(Durante o acendimento da vela, pode ser entoado um canto.)
(Todos em pé.)

Padre ou Ministro: Queridos catequizandos, vocês foram batizados em nome da Santíssima Trindade: Pai, Filho e Espírito Santo. No dia do Batismo, vocês entraram para a comunidade de Jesus, tornaram-se templo do espírito e membros da Igreja. Vocês querem assumir os compromissos de seu Batismo?

(Ao responder, ergam as velas, e a comunidade estende a mão para o círio pascal – fazer o que segue ou rezar juntos com voz forte e pausadamente o Credo.)

Catequizandos: Sim, eu quero.
(Cada um responde por si e em primeira pessoa.)

Padre ou Ministro: Vocês, hoje, dirão com suas próprias palavras o que seus pais e padrinhos prometeram em seu nome no dia do Batismo. Junto com a comunidade vocês querem renovar sua fé e compromisso.

Catequizandos: Sim, eu quero.

Padre ou Ministro: Vocês prometem seguir os ensinamentos de Jesus Cristo cumprindo a sua vontade e participando da vida da comunidade?

Catequizandos: Sim, eu prometo.

Padre ou Ministro: Vocês prometem viver e seguir Jesus Cristo na escuta atenta da Palavra de Deus, renunciando ao egoísmo, ódio, mentira, injustiça e a todo mal?

Catequizandos: Sim, eu prometo.

(Podem continuar respondendo sim eu creio ou cantar juntos o refrão: Creio, Senhor, mas aumentai a minha fé.)

Padre ou Ministro: Vocês creem em Deus Pai todo-poderoso, criador do Céu e da Terra?

Catequizandos: Sim, eu creio.

Padre ou Ministro: Vocês creem em Jesus Cristo, seu único Filho nosso Senhor, que nasceu da Virgem Maria, padeceu e foi sepultado, ressuscitou dos mortos e subiu ao céu?

Catequizandos: Sim, eu creio.

Padre ou Ministro: Creem no Espírito Santo, na santa Igreja Católica, na comunhão dos santos, na remissão dos pecados, na ressurreição dos mortos e na vida eterna?

Catequizandos: Sim, eu creio.

Padre ou Ministro: Esta é a fé que recebemos do Batismo e que na Igreja professamos. Continuem firmes na fé e no seguimento de Jesus. Amém!
Agora vocês receberão a oração do Creio. Ela contém os mistérios de nossa fé. Estendam sua mão para acolher a oração e rezemos juntos: Creio...

(O catequista entrega a oração do Credo a cada catequizando e rezam juntos.)

(Após a oração os catequizandos voltam para os lugares e a celebração segue como de costume.)

27º ENCONTRO

O cristão vive sua fé na família e na sociedade

Objetivo Compreender o que é ser discípulo que testemunha a fé na evangelização e na transformação da sociedade.

1. MOMENTO DE ACOLHIDA E ORAÇÃO

Iniciemos o nosso encontro cantando o sinal da cruz.

- ◆ Quais são os fatos importantes que estamos vivendo em nossas famílias e sociedade?

- ◆ Estamos nos preparando para receber pela primeira vez a comunhão eucarística. O que significa isto?

TODOS OS DIAS VEMOS TANTOS AVANÇOS TECNOLÓGICOS E desenvolvimento. Porém, vemos também situações de aflição, de pobreza e destruição do meio-ambiente. O que a fé pode testemunhar a este mundo? A fé é sal da terra, ou seja, o que dá o sabor. É a luz do mundo, ou seja, ilumina o nosso ser e agir. Não basta dizer "Senhor", "Senhor", se não faço o bem aos meus irmãos.

O amor não é sentimentalismo ingênuo, mas é solidariedade. De nada adianta olhar e não enxergar tantas situações que necessitam da Palavra de Deus. O perigo é constatar a drogadição, a violência e a prostituição como valores contrários ao projeto de Deus e não fazer nada ou rezar por nós, pelas nossas famílias de forma individualista. A fé sem obras é morta. O verdadeiro amor consiste em realizar o sonho de Jesus aqui na terra.

A fé deve repercutir na vida das pessoas, do mundo em que vivemos, no local onde moramos. A fé precisa repercutir onde estudamos, trabalhamos e nos divertimos. Ela é uma virtude para ser vivida e testemunhada. Nossa

missão é transformar a realidade. A fé nos faz ajudar as pessoas e a sociedade a deixar-se guiar pelo ensinamento divino. A fé exige compromisso
com a transformação do mundo em que vivemos.

2. JESUS VERDADE! AJUDA-ME A CONHECER A TUA PALAVRA

- ♦ Leitura do texto bíblico: 1Cor 13,1-13.
- ♦ Reler o texto
- ♦ Destacar as qualidades do amor.

A PRINCIPAL PALAVRA AQUI É "AMOR". SÃO PAULO DIZ QUE O AMOR
é mais importante do que as qualidades de uma pessoa (falar línguas ou
saber bastante...). Para entender de forma correta o que é o amor, São Paulo ensina assim: se eu tenho boas qualidades, mas realizo boas ações só
por dever, todo este bem realizado carece de um sentido cristão! O amor,
segundo Paulo, é um dom na pessoa que vem de Deus, pois Ele quer tanto
bem a todos que "enxerga o que é necessário", não por obrigação, mas
porque quer o nosso bem! Ao querer o bem do outro, faz o que é necessário por escolha, por convicção, como doação de si! Paulo não está falando
aqui do amor de namorados ou matrimonial, que também é positivo e deve
ser iluminado pela luz da fé. Ele destaca aquelas atitudes solidárias e responsáveis que fazem perceber as necessidades dos outros e tomar iniciati-
va com boa vontade. Por exemplo: a decisão de cuidar do meio ambiente,
de fazer algo na família, na comunidade e na escola. A pessoa que ama é
a que se doa para melhorar o mundo e ajudar os outros. O amor sempre é
exigente. Um dia tudo vai acabar, inclusive a fé e a esperança. No entanto,
o amor permanece para sempre.

3. JESUS CAMINHO! ABRE MEU CORAÇÃO PARA ACOLHER A TUA VONTADE

- ♦ O que esta Palavra de Deus nos diz?
- ♦ Que lição nos oferece?
- ♦ Que convite nos faz?
- ♦ Como viver a fé em nosso mundo? Como fazer para que tenhamos
  mais dignidade e solidariedade?

4. JESUS VIDA! FORTALECE A MINHA VONTADE PARA VIVER A TUA PALAVRA

- ◆ O que esta Palavra me faz dizer a Deus? Cada um faça sua oração, preces de súplica, de louvor ou de perdão.
- ◆ Rezar juntos o Sl 146 da Bíblia.

Cantar ou ouvir a música: *Utopia* (Zé Vicente.)

5. COMPROMISSO

Entrevistar pessoas no ambiente de trabalho e questioná-los como vivem sua fé na ocupação profissional. O que fazem para tornar o mundo melhor?

ANOTAÇÕES PESSOAIS

28º ENCONTRO

Batizados e confirmados para sermos a Igreja de Jesus

Objetivo Reconhecer a necessidade de se comprometer com a vida que vem do Espírito, a serviço da sociedade, como testemunhas do Reino.

1. MOMENTO DE ACOLHIDA E ORAÇÃO

- Deus nos convida e nos reúne em seu nome. Este nome nos santifica e nos faz dizer: Em nome do Pai... (Fazer o sinal da cruz.)

- Que a graça de Deus esteja com cada um e os mesmos sentimentos que moveram Jesus Cristo cresça em nós. Amém!

Canto: *Quando o espírito de Deus soprou.*

Nosso encontro tem como tema: "Batizados e confirmados para sermos a Igreja de Jesus". O Espírito nos impulsiona para o bem, para a vida, para o amor. Deus criou o ser humano para viver em plenitude. Para que isso aconteça é necessário colocar-se a serviço dos irmãos. A solidariedade dá sentido à vida. Como vivemos a nossa missão no mundo? Como está a nossa sociedade? Que doenças ela tem?

Nós somos envolvidos pelo Espírito de Deus e somos possuidores de um tesouro inestimável que é a verdade do Evangelho de Jesus Cristo. Precisamos responder positivamente, nos tornando promotores da vida. O respeito profundo pelas pessoas, o cuidado com a natureza e a defesa da verdade, são algumas formas de protegermos a vida em todas as suas circunstâncias.

- Procuremos através da Palavra de Deus que hoje vamos ler, meditar e rezar, compreender como podemos fazer para defender a vida, fruto do Espírito de Deus.

2. JESUS VERDADE! AJUDA-ME A CONHECER A TUA PALAVRA

- Leitura do texto bíblico: Mt 25,31-46.
- Como Jesus descreve o juízo final?
- Quais imagens Jesus usa neste texto?
- Quem são os justos e o que fazem?
- Quem são os cabritos e por quê?
- Qual o destino de cada grupo, conforme o texto?

ESTE TEXTO DO EVANGELHO MOSTRA DEUS SEPARANDO OVELHAS de cabritos. A diferença é que a ovelha é animal dócil e o cabrito é mais agressivo. Com essa imagem o evangelho quer ensinar que aquilo que somos uns aos outros aqui na terra é o que conta para a eternidade, para a ressurreição. Diante de Deus vale aquilo que cada um faz aqui na terra. Por isso, a vida é uma oportunidade única. As pessoas colocadas tanto à direita, comparadas com as ovelhas, como as colocadas à esquerda, comparadas aos cabritos, aprenderam como Jesus vivia e aprenderam que deviam viver como Ele. Mas nem todos fizeram assim. Deus não iguala os que viveram de forma errada com os que viveram bem. Os que aqui foram bons (dar de comer, beber...) terão uma recompensa e aqueles que foram indiferentes e injustos terão outro fim. O que faz a pessoa se salvar ou não, é a solidariedade que vive no mundo. Os bons são chamados "abençoados", os outros, "malditos". No rosto de quem sofre encontramos o próprio Cristo que nele sofre: "Foi a mim que o fizeste" (Mt 25,40). Cada um de nós é convocado para ser evangelizador, construindo um mundo novo. A vivência da caridade é a expressão maior de nossa vida cristã. Assim seremos verdadeiros anunciadores da Boa-Nova.

3. JESUS CAMINHO! ABRE MEU CORAÇÃO PARA ACOLHER A TUA VONTADE

- O que esta Palavra de Deus nos diz?
- Que ensinamento ela nos dá?
- Deus não quer um mundo movido pelo egoísmo e pela falta de sentido. Por isso, o Espírito de Deus suscita no mundo e na Igreja, ações que

promovem a vida e a dignidade. Nós, seres humanos somos movidos pelo Espírito.

◆ Vamos conversar sobre os frutos e as consequências de quem vive segundo o Espírito de Deus ou o egoísmo.

  ▶ Como se deve viver segundo este Espírito?

  ▶ Como se vive segundo os instintos egoístas?

4. JESUS VIDA! FORTALECE A MINHA VONTADE PARA VIVER A TUA PALAVRA

◆ Para mudar uma realidade egoísta é preciso viver conforme o Espírito de Jesus e optar pelo bem.

◆ Como podemos dar testemunho de nosso batismo e adesão ao projeto de Jesus?

Concluir rezando juntos, de mãos dadas, o Pai-Nosso.

5. COMPROMISSO

◆ Em nossas comunidades existem ações concretas que ajudam a promover a vida. São as pastorais sociais: pastoral da criança, pastoral da pessoa idosa, pastoral carcerária, pastoral da mulher marginalizada, pastoral da saúde, pastoral do pão, pastoral da Aids, recicladores e outras... Conhecemos estas ações? Quem trabalha nelas?

Conhecer as pastorais da comunidade que ajudam a ser a Igreja de Jesus.

ANOTAÇÕES PESSOAIS

CELEBRAÇÃO DA ENTREGA DA LEMBRANÇA DA PRIMEIRA EUCARISTIA, DO ESCAPULÁRIO E DO TERÇO

- Participar da celebração própria do dia. Na motivação inicial, fazer referência aos que fizeram sua Primeira Comunhão eucarística e que hoje recebem a lembrança, o terço e o escapulário como sinais da presença do amor e do carinho de Deus para cada um.

- Na procissão de entrada poderão entrar algumas pessoas (catequizandos, catequistas e familiares) com bandejas com escapulários e terços. Levar esses símbolos e colocá-los em uma mesinha preparada para depositá-los.

- Na motivação inicial, fazer referência à presença do grupo dos que fizeram sua Primeira Comunhão eucarística, de seus familiares e que, no fim dessa celebração, receberão a lembrança, o terço e o escapulário.

- Nas preces, rezar pelo grupo, por suas famílias e comunidade.

- Pode haver a participação dos catequizandos e dos familiares.

Oração após a comunhão

Antes da bênção final: O presidente da celebração se aproxima da mesa onde estão as bandejas com os terços, lembranças e escapulários. Um casal e um catequista erguem à frente de todas as bandejas.

Animador: Irmãos e irmãs, procedemos à bênção desses objetos que expressam a presença de Deus em nossa vida, sinal de bênção e de proteção.

Presidente da celebração: Senhor, Pai santo e terno, olhai com carinho para estes vossos filhos e filhas. Hoje, diante desta comunidade, reafirmam seu compromisso de viver no seguimento de Jesus. Abençoai estes objetos. Fazei que sejam para cada um, presença viva do Senhor Jesus e sirvam para viver conforme sua Palavra. Por Cristo Nosso Senhor.

Todos: Amém!

Presidente da celebração: Aproximem-se catequistas e catequizandos para a bênção final.

Presidente da celebração

1. Deus-Pai vos dê a graça de buscar sempre o bem e permanecer fiéis na escuta de sua Palavra.

Todos: Amém!

2. O Senhor Jesus, Bom Pastor que prometeu estar sempre conosco, vos fortaleça no seu amor e vos faça segui-lo como Caminho, Verdade e Vida.

Todos: Amém!

3. O Espírito Santo, fonte da vida, esteja convosco para vos iluminar e vos fortalecer no caminho do bem.

Todos: Amém!

O Senhor vos abençoe e vos guarde. Amém! Ele se compadeça de vós. Amém!
Ele vos guarde no calor do seu abraço. Amém!

(Os familiares e catequistas façam a entrega dos símbolos para os catequizandos.)

Canto final: *À escolha da comunidade.*

ANOTAÇÕES PESSOAIS

29º ENCONTRO

Os sacramentos do serviço: Matrimônio e Ordem

Objetivo Refletir sobre os sacramentos da opção de vida, a importância para a fé cristã e o serviço à vida e à evangelização.

1. MOMENTO DE ACOLHIDA E ORAÇÃO

♦ Iniciemos nosso encontro cantando o sinal da cruz.

Os sacramentos do Matrimônio e da Ordem são chamados sacramentos da opção de vida e também são os sacramentos do serviço. Não são assumidos para o próprio bem-estar, mas para servir e estar em relação com o outro.

2. JESUS VERDADE! AJUDA-ME A CONHECER A TUA PALAVRA

♦ Leitura do texto bíblico: Mt 19,3-6.

♦ Reler o texto, destacando os personagens.

♦ Onde estava Jesus e com quem?

♦ Quais as perguntas e respostas do texto?

♦ O que diz o texto, qual o conteúdo da conversa?

O MATRIMÔNIO E O CELIBATO PERTENCEM À NOVA COMUNIDADE.
O assunto é colocado como uma pergunta maldosa dos fariseus sobre o divórcio e com a intenção de conduzir Jesus a se declarar contra a lei. Diante do matrimônio indissolúvel, os discípulos observam que o celibato é melhor. Jesus mostra que a escolha do celibato é dom de Deus, e que este só adquire todo o seu valor quando é assumido em plena liberdade em vista ao serviço do reino.

180

O matrimônio é o sacramento pelo qual o homem e a mulher constituem entre si a comunhão íntima de toda a vida, ordenado por sua índole natural ao bem dos cônjuges e à procriação e educação da prole, entre os batizados foi elevado por Cristo Senhor à dignidade de sacramento. Os sacramentos do Matrimônio e Ordem são escolhas pessoais. Ambos conferem uma graça especial para uma missão particular na Igreja a serviço da edificação ao Povo de Deus. Eles contribuem em particular para a comunhão eclesial e para a salvação da humanidade.

No casamento a ação simbólica mais forte é o consentimento dos noivos de um acolher o outro e se comprometer de viver juntos na alegria e na tristeza, na saúde e na doença se amando e se respeitando todos os dias da vida.

A Ordem é o sacramento graças ao qual a missão confiada por Cristo aos Apóstolos continua a ser exercida na Igreja, até o fim dos tempos: é, portanto, o sacramento do ministério apostólico. E compreende três graus: o episcopado, o presbiterado e o diaconado. É o sacramento graças ao qual a missão confiada por Cristo aos seus apóstolos continua a ser exercida na Igreja, até o final dos tempos.

No contexto da vida cristã, o Sacramento da Ordem é o sacramento ao serviço às pessoas e às comunidades como uma maneira concreta de atualizar a prática de Jesus: "Eu vim para servir e não para ser servido, a fim de que todos tenham vida e vida em abundância". O Sacramento da Ordem é memória eficaz da Páscoa de Cristo para o serviço da comunidade eclesial. Os ministros, no horizonte de Cristo Bom Pastor, orientam-se em três direções:

a. Da Palavra (profecia);

b. Do Culto (liturgia);

c. Da Caridade (animação, coordenação, diakonia);

O Ministério Ordenado: — é um serviço humilde a Cristo e à sua Igreja; É um serviço de amor. É um serviço de Bom Pastor – de quem oferece a sua vida pelas ovelhas (Jo 10,14-15). O ministro ordenado é servo e deve empenhar-se, por ser sinal, que aponta para Cristo Servidor e Bom Pastor (Bento XVI.) O gesto simbólico usado na ordenação é a imposição das mãos sobre a cabeça do ordenando sentido de transmitir força e de autoridade para o serviço.

3. JESUS CAMINHO! ABRE MEU CORAÇÃO PARA ACOLHER A TUA VONTADE

- O que esta Palavra diz para mim, para nós na realidade que vivemos hoje?

- Estes dois sacramentos são chamados sacramentos do serviço, por quê?

- Como cada um deles serve a comunidade cristã e ao mundo?

- Sabemos como as pessoas se preparam para estes sacramentos e com que responsabilidade são assumidos? (Deixar conversar, perguntar e ajudar a esclarecer.)

4. JESUS VIDA! FORTALECE A MINHA VONTADE PARA VIVER A TUA PALAVRA

- O que esta Palavra me faz dizer a Deus? Qual é a oração que brota do nosso coração?

- Façamos preces espontâneas. Vamos recordar os casais que optaram pela vida matrimonial e pelos jovens que optam pelo sacerdócio. Rezemos para que cada um, na escolha que faz, possa ser feliz e realizado.

Rezemos a oração pelas vocações:

Jesus Divino Mestre, que chamastes os apóstolos a vos seguirem, continuai a passar pelos nossos caminhos, pelas nossas famílias, pelas nossas escolas e continuai a repetir o convite a muitos dos nossos jovens. Dai coragem às pessoas convidadas. Dai força para que vos sejam fiéis como apóstolos leigos, como sacerdotes, como religiosos e religiosas, para o bem do Povo de Deus e de toda a humanidade. Amém.

5. COMPROMISSO

- Conhecer a pastoral do matrimônio e movimentos que aprofundam o sacramento e qual o percurso de preparação dos sacerdotes.

ANOTAÇÕES PESSOAIS

30º ENCONTRO

Batizados e confirmados para sermos missionários

Objetivo Compreender o espírito missionário de Jesus e o de tornar seu projeto conhecido por muitas pessoas.

1. MOMENTO DE ACOLHIDA E ORAÇÃO

- Iniciemos o nosso encontro com o sinal da cruz.
- Pedimos ao Senhor para nos enviar o seu Espírito Santo e nos ajudar a alargar as fronteiras do nosso coração. Vamos acolher o nosso colega dizendo uma palavra da Bíblia e dando um abraço.

Hoje, nosso encontro nos convida a refletir sobre a dimensão missionária. Somos confirmados no Espírito para sermos missionários.

O Evangelho de Jesus é para todos os povos. A Igreja de Antioquia estava bem organizada, com funções partilhadas e decisões tomadas em assembleia. Ela se sente envolvida pelo Espírito Santo que a envia a outros povos não cristãos, para anunciar o Evangelho e a salvação. É o próprio Espírito que chama e envia a Igreja para que ela continue a crescer. Quem se fecha em si mesmo, morre. Quem sai de si e vai ao encontro do outro, vive.

Quem se deixa envolver pela força do Espírito Santo, necessariamente sai ao encontro dos outros para testemunhar Jesus Cristo e o seu Evangelho. Este testemunho se concretiza pela palavra que deve falar coisas boas, pelas ações que manifestam caridade, o respeito às pessoas e pela vida de oração que fortifica a fé.

2. JESUS VERDADE! AJUDA-ME A CONHECER A TUA PALAVRA

- Leitura do texto bíblico: At 13,1-4.

- Quem eram os mestres e profetas da Igreja de Antioquia?
- Como eles seguem a voz do Espírito?
- Que apelo o Espírito fez à Igreja de Antioquia?

A DIMENSÃO MISSIONÁRIA DA IGREJA ESTEVE PRESENTE DESDE O início da história do cristianismo. O Evangelho não ficou aprisionado, pois o Espírito anima, expande e age nas pessoas. Inicia uma nova etapa na história da Igreja: a difusão do Evangelho no meio dos pagãos. Os lugares onde a Igreja estava mais organizada abre-se para difundir o Evangelho, para onde ainda não se realizou o anúncio. É importante destacar que a decisão tomada foi fruto da partilha de opiniões, feita em assembleia litúrgica, isto é, a partir da oração e do jejum, em clima de discernimento e abertura ao Espírito Santo. As decisões são tomadas não por pessoas isoladamente, mas a partir de uma comunidade que com certeza era cheia de vida e vivência cristã. A dimensão missionária consiste em abrir-se para outras comunidades. O grupo escolhe quem deve realizar a missão, reza e impõe as mãos como gesto de envio e de compromisso. Este texto dos Atos dos Apóstolos nos ajuda a perceber como é importante uma comunidade organizada, valorizar os seus membros com as diferentes funções, não se fechar sobre si mesma, capaz de tomar decisões em conjunto e de rezar junto.

- Você conhece alguma comunidade assim?

3. JESUS CAMINHO! ABRE MEU CORAÇÃO PARA ACOLHER A TUA VONTADE

- Como é a minha relação com a Igreja/comunidade de fé?
- O que faço para ouvir a voz de Deus?
- Como eu posso ser missionário?

4. JESUS VIDA! FORTALECE A MINHA VONTADE PARA VIVER A TUA PALAVRA

- Cada participante elabora um pedido, uma prece ou uma súplica ao Senhor a partir do encontro de hoje. Após cada pedido, todos dizem: ''Somos enviados pelo Espírito Santo''.

Oração

Deus nosso Pai, nós vos louvamos e vos bendizemos por toda animação missionária que se realiza, por meio de vosso Filho Jesus, caminho certo a seguir, verdade que liberta e vida que salva. Enviai sobre nós o Espírito Santo, para que nossas comunidades sejam sinal de vida e esperança para todos. Amém.

5. COMPROMISSO

- ♦ Participar em algum momento forte da comunidade, das santas missões populares, dos encontros de família ou movimento, encontros de formação ou ajudar alguma pastoral que precisa de pessoas e mais participantes.

ANOTAÇÕES PESSOAIS

CELEBRAÇÃO DA ENTREGA DAS BEM-AVENTURANÇAS

♦ A entrega das bem-aventuranças será feita na comunidade. A celebração até a homilia segue os ritos próprios.

♦ Providenciar cartões com o texto das bem-aventuranças para ser entregue após a homilia.

Homilia

(Reflexão e explicação das bem-aventuranças e do compromisso como cristãos).

Após a Homilia

Animador: Celebramos a festa das Bem-aventuranças. Esta celebração expressa o compromisso de vivermos e transmitirmos a fé recebida no Batismo e confirmada todos os dias de nossa vida. Que a luz do Senhor Jesus inunde o nosso coração e a vida da nossa comunidade, ilumine nossos passos para que sejamos fiéis aos compromissos assumidos no Batismo e ao longo dos encontros mensais realizados.

Presidente: As bem-aventuranças são os ensinamentos que Jesus Cristo pregou no Sermão da Montanha, para ensinar e revelar aos homens a verdadeira felicidade. É o anúncio da vinda do Reino de Deus. Convidamos a todos para que se aproximem e recebam este feliz anúncio, as bem-aventuranças.

(Os ministros podem ajudar a entregar o cartão com as bem-aventuranças, enquanto se canta um hino à escolha da comunidade.)

Canto: (À escolha da comunidade.)

Preces da comunidade

Após cada prece digamos: *Escuta-nos, Senhor da Glória!*

1. Olhai, Senhor, por estes vossos filhos e filhas, fazei que se deixem atrair pela luz de Jesus e possam segui-lo como seus discípulos e discípulas. Rezemos...

2. Fortalecei, Senhor, os grupos que se reúnem para rezar, que vivam como seguidores da luz de Deus e possam ser exemplo de fé e de amor ao Evangelho e na vivência cristã. Rezemos...

3. Fazei, Senhor, que todos nós nos deixemos guiar pelo Espírito que fortalece, anima e dá vida para sermos anunciadores da vossa Palavra. Rezemos.

4. Animai, Senhor, a cada um de nós na vivência das Bem-aventuranças, e tornai-nos felizes por viver este caminho que Jesus nos propõe. Rezemos...

(Segue a celebração eucarística como de costume.)

REFERÊNCIAS

ARQUIDIOCESE DE PORTO ALEGRE. Iniciação à Vida Cristã – Texto-base. Comissão. Porto Alegre, 2017.

APLICAÇÃO PROJETO PILOTO: Catequistas da Paróquia São Pedro do Jardim Independência, Setor de Pastoral Vila Alpina e Vila Prudente. Região Pastoral Belém. Arquidiocese de São Paulo, 2008.

APOSTOLADO LITÚRGICO. Ofício Divino das Comunidades. São Paulo: Paulus, 1994.

Apostolado Litúrgico. Revista Liturgia, São Paulo.

BÍBLIA SAGRADA. Ed. Pastoral. São Paulo: Paulus, 1990.

BÍBLIA DO PEREGRINO. São Paulo: Paulus, 2002.

BUYST, I. Preparando a Páscoa, quaresma, tríduo pascal, tempo pascal. São Paulo: Paulinas, 2002.

_____. Celebrar com símbolos. São Paulo: Paulinas, 1990.

BRUSTOLIN, L. Formação Bíblica para catequistas – Com dinâmicas e celebrações. São Paulo: Paulinas, 2014.

_____. A fé cristã para catequistas – Conteúdos e sugestões práticas. São Paulo: Paulinas, 2010.

CALANDRO, Pe. E.; LEDO, Pe. J.S. Catequese com adultos. Itinerário II – Catequista. Goiânia: Scala editora, 2015.

_____. Querigma com adultos. Itinerário I – Catequista. Goiânia: Scala editora, 2015.

CATECISMO DA IGREJA CATÓLICA. São Paulo: Loyola, 2012.

CELAM. Manual de Catequética. São Paulo: Paulus, 2007.

_____. Documento de Aparecida. Texto Conclusivo da V Conferência Geral do Episcopado Latino-Americano e do Caribe. São Paulo: Paulinas, 2007.

CENTRO CATEQUÉTICO DIOCESANO, Diocese de Osasco. Livro do Catequista: fé, vida, comunidade. 2. ed. São Paulo: Paulus, 2005.

CNBB. Diretório Nacional de Catequese. Brasília: Edições CNBB, 2006 (Documento 84.)

_____. Projeto Nacional de Evangelização. Queremos ver Jesus Caminho, Verdade e Vida. Roteiros homiléticos. São Paulo: Paulus, 2007.

_____. Comunidade de Comunidades: uma nova paróquia. A conversão Pastoral. Brasília: Edições CNBB, 2014. (Documento 100.)

_____. Iniciação à Vida Cristã: itinerário para formar discípulos missionários. Brasília: Edições CNBB, 2017. (Documento 107.)

CNBB. Diretrizes Gerais da Ação Evangelizadora da Igreja no Brasil 2015-2019. Brasília: Edições CNBB, 2014.

HETTER, W. Jesús Antonio. Catequesis bíblica: viviendo el estilo de Jesús, Léctio Divina. Uruguai. Apostila, 2004.

MESTERS, C. Os Dez Mandamentos: ferramenta da comunidade. 2. ed. São Paulo: Paulus, 2004 [Col. Por trás das Palavras].

_____. Com Jesus na contramão. São Paulo: Paulinas, 1995.

NUCAP – NÚCLEO DE CATEQUESE PAULINAS. Iniciação à Eucaristia: livro do catequista. São Paulo: Paulinas, 2008 [Coleção Água e Espírito].

_____. Mistagogia. São Paulo: Paulinas, 2013.

PAIVA, V. de. Catequese e Liturgia – Duas faces do mesmo mistério. Reflexões e sugestões para a iniciação entre Catequese e Liturgia. São Paulo: Paulus, 2008.

PAPA FRANCISCO. Exortação Apostólica Evangelii Gaudium – Alegria do Evangelho. São Paulo: Paulinas, 2013.

PAPA FRANCISCO. Carta Encíclica Laudato Si' – Sobre o cuidado da casa comum. São Paulo: Paulinas, 2015.

PAPA FRANCISCO. Exortação apostólica Gaudate Et Exsultate: sobre o chamado a santidade no mundo atual. São Paulo: Paulus, 2018.

PONTIFÍCIAS OBRAS MISSIONÁRIAS. Animando a infância missionária – 1º nível: roteiros para encontros de grupo. Brasília: Abc; BSB, 2011.

_____. Animando a infância missionária – 2º nível: roteiros para encontros de grupos. Brasília: Abc; BSB, 2011.

REINERT. J.F. Paróquia e Iniciação à Vida Cristã. São Paulo: Paulus, 2015.

SAGRADA CONGREGAÇÃO PARA O CULTO DIVINO. Ritual de Iniciação Cristã de Adultos. São Paulo: Paulus, 2001.

SCHWANTES, M. Gênesis 1-11: vida, comunidade e Bíblia. Con-Texto. São Leopoldo: CEBI, 2007.

SPERANDIO, W. Crescendo juntos – Catequese inicial. Marau: Marka, 2004.

_____. Parceiros de Jesus – Catequese 2. Marau: Marka, 2004.

_____. Vivendo a Eucaristia – Eucaristia 2. Marau: Marka, 2004.

CULTURAL
Administração
Antropologia
Biografias
Comunicação
Dinâmicas e Jogos
Ecologia e Meio Ambiente
Educação e Pedagogia
Filosofia
História
Letras e Literatura
Obras de referência
Política
Psicologia
Saúde e Nutrição
Serviço Social e Trabalho
Sociologia

CATEQUÉTICO PASTORAL
Catequese
  Geral
  Crisma
  Primeira Eucaristia

Pastoral
  Geral
  Sacramental
  Familiar
  Social
  Ensino Religioso Escolar

TEOLÓGICO ESPIRITUAL
Biografias
Devocionários
Espiritualidade e Mística
Espiritualidade Mariana
Franciscanismo
Autoconhecimento
Liturgia
Obras de referência
Sagrada Escritura e Livros Apócrifos

Teologia
  Bíblica
  Histórica
  Prática
  Sistemática

REVISTAS
Concilium
Estudos Bíblicos
Grande Sinal
REB (Revista Eclesiástica Brasileira)

VOZES NOBILIS
Uma linha editorial especial, com importantes autores, alto valor agregado e qualidade superior.

VOZES DE BOLSO
Obras clássicas de Ciências Humanas em formato de bolso.

PRODUTOS SAZONAIS
Folhinha do Sagrado Coração de Jesus
Calendário de mesa do Sagrado Coração de Jesus
Agenda do Sagrado Coração de Jesus
Almanaque Santo Antônio
Agendinha
Diário Vozes
Meditações para o dia a dia
Encontro diário com Deus
Guia Litúrgico

CADASTRE-SE
www.vozes.com.br

EDITORA VOZES LTDA.
Rua Frei Luís, 100 – Centro – Cep 25689-900 – Petrópolis, RJ
Tel.: (24) 2233-9000 – Fax: (24) 2231-4676 – E-mail: vendas@vozes.com.br

UNIDADES NO BRASIL: Belo Horizonte, MG – Brasília, DF – Campinas, SP – Cuiabá, MT
Curitiba, PR – Fortaleza, CE – Goiânia, GO – Juiz de Fora, MG
Manaus, AM – Petrópolis, RJ – Porto Alegre, RS – Recife, PE – Rio de Janeiro, RJ
Salvador, BA – São Paulo, SP